MARBURGER Die Gesetzliche Rentenversicherung

RdW Schriftenreihe
›Das Recht der Wirtschaft‹

Band 228 · März 2022

Die Gesetzliche Rentenversicherung

Dietmar Marburger,
Krankenkassenbetriebswirt,
gepr. Versicherungsfachmann (IHK), Verw.-Amtsrat a. D.

4., vollständig überarbeitete Auflage, 2022

Bibliografische Information der Deutschen Nationalbibliothek: Die Deutsche Nationalbibliothek verzeichnet diese Publikation in der Deutschen Nationalbibliografie; detaillierte bibliografische Daten sind im Internet über www.dnb.de abrufbar.

4. Auflage, 2022

ISBN 978-3-415-07193-3

Die Schriftenreihe >DAS RECHT DER WIRTSCHAFT< (RdW) ist Teil des gleichnamigen Sammelwerks, einer Kombination aus Buch und Zeitschrift: Zweimal monatlich erscheinen Kurzberichte, die auf jeweils 48 Seiten über aktuelle Rechts- und Steuerfragen informieren. Jährlich erscheinen zusätzlich acht Bücher zu Themen der aktuellen Rechtslage.

Richard Boorberg Verlag GmbH & Co KG | Scharrstraße 2 | 70563 Stuttgart
Stuttgart | München | Hannover | Berlin | Weimar | Dresden
www.boorberg.de

Gesamtherstellung: Laupp & Göbel GmbH | Robert-Bosch-Str. 42 | 72810 Gomaringen

---

Inhalt

Abkürzungen

Abs.	Absatz
Abschn.	Abschnitt
AG	Aktiengesellschaft
AltZertG	Altervorsorgeverträge – Zertifizierungsgesetz
AO	Abgabenordnung
AT	Altersteilzeitgesetz
AVmEG	Altersvermögensergänzungsgesetz
AVmG	Altersvermögensgesetz
BA	Bundesanstalt für Arbeit
BArbBl.	Bundesarbeitsblatt
BaföG	Bundesausbildungsförderungsgesetz
BAG	Bundesarbeitsgericht
BAnz.	Bundesanzeiger
Beil.	Beilage
BetrAVG	Betriebsrentengesetz
BfA	Bundesversicherungsanstalt für Angestellte
BGB	Bürgerliches Gesetzbuch
BGBl.	Bundesgesetzblatt
BGL	Beitragsgesetz – Landwirtschaft
BMAS	Bundesministerium für Arbeit und Soziales
BSG	Beitragssatzgesetz
BSG	Bundessozialgericht
BSG 2003	Beitragssatzgesetz 2003
BSSichG	Beitragssatzsicherungsgesetz
BÜVO	Beitragsüberwachungsverordnung
BVA	Bundesversicherungsamt
BVerfG	Bundesverfassungsgericht
BVV	Beitragsverfahrensverordnung
BZVO	Beitragszahlungsverordnung
d. h.	das heißt
DEÜV	Datenerfassungs- und -übermittlungsverordnung
DOK	Die Ortskrankenkasse (Zeitschrift)
DRVB	Deutsche Rentenversicherung Bund
EStG	Einkommensteuergesetz
EU	Europäische Union
EWR	Europäischer Wirtschaftsraum

f., ff.	folgende, fortfolgende
Fn.	Fußnote
gem.	gemäß
ggf.	gegebenenfalls
GrundRentG	Gesetz zur Einführung der Grundrente für langjährige Versicherung in der gesetzlichen Rentenversicherung mit unterdurchschnittlichem Einkommen und für weitere Maßnahmen zur Erhöhung der Alterseinkommen (Grundrentengesetz)
GRV	Gesetzliche Rentenversicherung
i. S.	im Sinne
KSVG	Künstlersozialversicherungs-Gesetz
LSG	Landessozialgericht
LVA	Landesversicherungsanstalt
MuSchG	Mutterschutzgesetz
PflegeZG	Pflegezeitgesetz
RGBl.	Reichsgesetzblatt
RWBestV 2019	Rentenwertbestimmungsverordnung 2019
SekG	Sekundierungsgesetz
SGB	Sozialgesetzbuch
SGB I	Sozialgesetzbuch – Allgemeiner Teil
SGB II	Sozialgesetzbuch – Grundsicherung für Arbeitsuchende
SGB III	Sozialgesetzbuch – Arbeitsförderung
SGB IV	Sozialgesetzbuch – Sozialversicherung
SGB V	Sozialgesetzbuch – Gesetzliche Krankenversicherung
SGB VI	Sozialgesetzbuch – Rentenversicherung
SGB VII	Sozialgesetzbuch – Gesetzliche Unfallversicherung
SGB IX	Sozialgesetzbuch – Rehabilitation und Teilhabe behinderter Menschen
SGB X	Sozialgesetzbuch – Verwaltungsverfahren
SGB XI	Sozialgesetzbuch – Soziale Pflegeversicherung
SGG	Sozialgerichtsgesetz
sog.	so genannte/-n/-r
SozSchPG	Gesetz für den erleichterten Zugang zu sozialer Sicherung und zum Einsatz und zur Absicherung sozialer Dienstleister aufgrund des Corona-Virus SARS-CoV-2 (Sozialschutz-Paket)
SozSchPG II	Gesetz zu sozialen Maßnahmen zur Bekämpfung der Corona-Pandemie (Sozialschutz-Paket II)
SozSchPG III	Gesetz zur Regelung einer Einmalzahlung der Grundsicherungssysteme an erwachsene Leistungsberechtigte und zur Verlängerung des erleichterten Zugangs zu sozialer Sicherung und zur Änderung des

	Sozialdienstleister-Einsatzgesetzes aus Anlass der COVID-19-Pandemie (Sozialschutz-Paket III)
USK	Urteilssammlung für die soziale Krankenversicherung
usw.	und so weiter
VDR	Verband Deutscher Rentenversicherungsträger
vgl.	vergleiche
WzS	Wege zur Sozialversicherung (Zeitschrift)
ZSS	Zentrale Speicherstelle

Das Wichtigste in Kürze

- Die Gesetzliche Rentenversicherung ist ein Versicherungszweig der Sozialversicherung. Sie wird in die allgemeine und in die knappschaftliche Rentenversicherung unterschieden. Die frühere Unterscheidung zwischen Arbeitern und Angestellten ist entfallen.
- Im Gegensatz zur Gesetzlichen Krankenversicherung steht die Rentenversicherung nicht im Wettbewerb. Die Versicherten werden gesetzlich zugewiesen.
- In erster Linie sind die Arbeitnehmer versicherungspflichtig. Eine Begrenzung der Versicherungspflicht entsprechend der Höhe des Einkommens gibt es nicht.
- Für bestimmte Personenkreise ist eine freiwillige Versicherung möglich. Allerdings gibt es viele Tatbestände, wie die Zeiten der Pflege eines Pflegebedürftigen oder der Erziehung eines Kindes, die als rentenversicherungsrechtlich relevante Tatbestände gelten.
- Die Beiträge zur Rentenversicherung werden im Rahmen des sog. Gesamtsozialversicherungsbeitrages von den Krankenkassen eingezogen. Eine Ausnahme hiervon stellt der Beitragseinzug für geringfügig Beschäftigte dar, der durch die Deutsche Rentenversicherung Knappschaft-Bahn-See erfolgt. Von Ausnahmen abgesehen, werden die Beiträge je zur Hälfte vom Arbeitgeber und vom Arbeitnehmer gezahlt. Außerdem gibt es weitere Finanzquellen, insbesondere den Bundeszuschuss.
- Die Meldungen zur Rentenversicherung werden zusammen mit den Meldungen zu den anderen Versicherungszweigen auf elektronischem Wege erstattet. Adressaten der Meldungen sind allerdings die Krankenkassen.
- Die Leistungen der Gesetzlichen Rentenversicherung gehen von den Leistungen zur Teilhabe (Präventive medizinische Rehabilitation, Leistungen zur Teilhabe am Arbeitsleben) bis zur Altersrente. Außerdem gibt es beispielsweise Erwerbsminderungsrenten und Hinterbliebenenrenten.
- Wenn auch nicht im Sozialgesetzbuch – Sechstes Buch geregelt, ist die sog. Zusatzrente (auch als Riester-Rente bezeichnet) eine wichtige Leistungsart.
- Die Rentenversicherungsträger sind auch für die Durchführung der Betriebsprüfungen bei den Arbeitgebern zuständig.
- Nach dem Beschluss des Bundestages vom 2. Juli 2020 und der Zustimmung des Bundesrats am 3. Juli 2020 ist das Gesetz zum Grundrentenzuschlag am 1. Januar 2021 in Kraft getreten. Der Grundrentenzuschlag

muss nicht beantragt werden. Wenn ein Anspruch besteht, zahlt die Rentenversicherung den Zuschlag automatisch mit der Rente aus. Der Versand der ersten Rentenbescheide hat begonnen und erfolgt schrittweise zunächst an sogenannte Neurentnerinnen und Neurentner.

I. Die Gesetzliche Rentenversicherung als Teil der Sozialversicherung

Das Recht der Gesetzlichen Rentenversicherung (GRV) wird teilweise bereits im Ersten Buch des Sozialgesetzbuches (SGB I) geregelt.

Nach § 1 Abs. 1 SGB I soll das Recht des SGB zur Verwirklichung sozialer Gerechtigkeit und sozialer Sicherheit Sozialleistungen einschließlich sozialer und erzieherischer Hilfe gestalten. Es soll dazu beitragen

- ein menschenwürdiges Dasein zu sichern,
- gleiche Voraussetzungen für die freie Entfaltung der Persönlichkeit, insbesondere auch für junge Menschen, zu schaffen,
- die Familie zu schützen und zu fördern,
- den Erwerb des Lebensunterhaltes durch eine frei gewählte Tätigkeit zu ermöglichen und

besondere Belastungen des Lebens, auch durch Hilfe zur Selbsthilfe, abzuwenden oder auszugleichen.

Der Erfüllung der in § 1 genannten Aufgaben dienen bestimmte soziale Rechte (§ 2 SGB I). Aus ihnen können Ansprüche allerdings nur insoweit geltend gemacht oder hergeleitet werden, als deren Voraussetzungen und Inhalt durch die Vorschriften der besonderen Teile des SGB im Einzelnen bestimmt sind.

Die sozialen Rechte sind bei der Auslegung der Vorschriften des SGB und bei der Ausübung von Ermessen zu beachten. Dabei ist sicherzustellen, dass die sozialen Rechte möglichst weitgehend verwirklicht werden.

§ 4 SGB I beschäftigt sich mit der Sozialversicherung. Nach Absatz 1 dieser Vorschrift hat jeder im Rahmen des SGB ein Recht auf Zugang zur Sozialversicherung.

§ 4 Abs. 2 SGB I bestimmt, dass derjenige, der in der Sozialversicherung versichert ist, im Rahmen der gesetzliche Kranken-, Pflege-, Unfall- und Rentenversicherung einschließlich der Alterssicherung der Landwirte ein Recht auf

- die notwendigen Maßnahmen zum Schutz, zur Erhaltung, zur Besserung und zur Wiederherstellung der Gesundheit und zur Leistungsfähigkeit und

- wirtschaftliche Sicherung bei Krankheit, Mutterschaft, Minderung der Erwerbsfähigkeit und Alter hat[1].

Besonders für die gesetzliche Rentenversicherung ist der letzte Satz des § 4 Abs. 2 SGB I von Bedeutung. Danach haben ein Recht auf wirtschaftliche Sicherung auch die Hinterbliebenen eines Versicherten.

Für die GRV sind auch die §§ 10, 29 SGB I von Bedeutung. Es geht dabei um Leistungen zur Teilhabe behinderter Menschen. Hierzu finden sich in Abschnitt 16 nähere Ausführungen.

§ 23 SGB I beschäftigt sich mit den Leistungen der gesetzlichen Rentenversicherung einschließlich der Alterssicherung für Landwirte (vgl. dazu VIII.).

In Abs. 2 des § 23 SGB I geht es um die **Zuständigkeit für die Leistungsgewährung.** Demnach sind zuständig

- in der allgemeinen Rentenversicherung die Regionalträger, die Deutsche Rentenversicherung Bund und die Deutsche Rentenversicherung Knappschaft-Bahn-See,
- in der knappschaftlichen Rentenversicherung die Deutsche Rentenversicherung Knappschaft-Bahn-See,
- in der Alterssicherung der Landwirte die landwirtschaftlichen Alterskassen.

Hier soll noch erwähnt werden, dass die Rentenversicherungsträger Körperschaften des öffentlichen Rechts sind und das Recht auf Selbstverwaltung besitzen (§ 29 SGB IV). Organe der Selbstverwaltung sind Vertreterversammlung und Vorstand (§ 31 SGB IV). Beachte hierzu im Einzelnen Kapitel IX.

Für die GRV gelten auch die weiteren Vorschriften des SGB I, z. B. die über das Sozialgeheimnis (§ 35 SGB I), die sich seit 20.08.2021 (BGBl. I S. 3932) in neuer Fassung befinden. Bedeutungsvoll ist auch die Vorschrift des § 36 SGB I. Wer danach das fünfzehnte Lebensjahr vollendet hat, kann Anträge auf Sozialleistungen stellen und verfolgen sowie Sozialleistungen entgegennehmen. Der Leistungsträger soll den gesetzlichen Vertreter über die Antragstellung und die erbrachten Sozialleistungen unterrichten.

Die Handlungsfähigkeit kann allerdings vom gesetzlichen Vertreter durch schriftliche Erklärung gegenüber dem Leistungsträger eingeschränkt wer-

1 Vgl. hierzu aus der RdW-Schriftenreihe, Band 74 „Die Sozialversicherung“, Band 214 „Die Pflegeversicherung“, Band 218 „Die Unfallversicherung in der betrieblichen Praxis“, Band 220 „Das neue Recht der Arbeitsförderung“, Band 223 „Die Gesetzliche Krankenversicherung“, Band 227 „Betriebliche Altersvorsorge“

den. Die Rücknahme von Anträgen, der Verzicht auf Sozialleistungen und die Entgegennahme von Darlehen bedürfen der Zustimmung des gesetzlichen Vertreters.

Die Vorschriften der §§ 48 bis 55 SGB I über die **Leistungsgewährung an andere als den Versicherten** sind besonders bedeutungsvoll für die GRV. Beispielsweise geht es hier um Aufrechnung, Verrechnung, Pfändung von Sozialversicherungsleistungen, also auch von Renten. Letztere können als laufende Geldleistungen wie Arbeitseinkommen gepfändet werden.

Beim Tode des Berechtigten (z. B. eines Rentenempfängers) stehen fällige Ansprüche auf laufende Geldleistungen nacheinander dem Ehegatten, dem gleichgeschlechtlichen Lebenspartner, den Kindern, den Eltern, dem Haushaltsführer zu (§ 56 SGB I).Voraussetzung ist, dass diese mit dem Berechtigten zur Zeit seines Todes in einem gemeinsamen Haushalt gelebt haben oder von ihm wesentlich unterhalten worden sind. Mehreren Personen einer Gruppe stehen die Ansprüche zu gleichen Teilen zu.

Als Kinder in diesem Sinne gelten auch a) Stiefkinder und Enkel, die in den Haushalt des Berechtigten aufgenommen sind, b) Pflegekinder (Personen, die mit dem Berechtigten durch ein auf längere Dauer angelegtes Pflegeverhältnis mit häuslicher Gemeinschaft wie Kinder mit Eltern verbunden sind), c) Geschwister des Berechtigten, die in seinen Haushalt aufgenommen worden sind. Als Eltern i. S. des Buchstaben c) gelten 1. sonstige Verwandte der geraden aufsteigenden Linie, 2. Stiefeltern, 3. Pflegeeltern (Personen, die den Berechtigten als Pflegekind aufgenommen haben).

Haushaltsführer im obigen Sinne ist derjenige Verwandte oder Verschwägerte, der an Stelle des verstorbenen oder geschiedenen oder an der Führung des Haushalts durch Krankheit, Gebrechen oder Schwäche dauernd gehinderten Ehegatten oder (gleichgeschlechtlichen) Lebenspartners den Haushalt des Berechtigten mindestens ein Jahr lang vor dessen Tod geführt hat und von ihm überwiegend unterhalten worden ist.

Es wird hier von der Sonderrechtsnachfolge gesprochen. Auf die Sonderrechtsnachfolge kann verzichtet werden (§ 57 SGB I).

Soweit fällige Ansprüche auf Geldleistungen nicht einem Sonderrechtsnachfolger zustehen, werden sie nach den Vorschriften des Bürgerlichen Gesetzbuchs (BGB) vererbt (§ 58 SGB I). Der Fiskus als gesetzlicher Erbe kann die Ansprüche nicht geltend machen.

Allerdings erlöschen Ansprüche auf Sach- und Dienstleistungen mit dem Tode des Berechtigten (§ 59 SGB I). Ansprüche aus Geldleistungen erlöschen nur, wenn sie im Zeitpunkt des Todes des Berechtigten weder festgestellt sind noch ein Verwaltungsverfahren über sie anhängig ist.

Aus dem SGB I sind auch noch die Vorschriften der §§ 60 bis 67 zu erwähnen, die sich mit den **Mitwirkungspflichten der Leistungsberechtigten** und den Folgen ihrer Nichtbeachtung beschäftigen. Besonders wichtig (in Zusammenhang mit der Gewährung von Erwerbsminderungsrenten) ist § 62 SGB I. Wer danach Sozialleistungen beantragt oder erhält, soll sich auf Verlangen des zuständigen Leistungsträgers ärztlichen und psychologischen Untersuchungsmaßnahmen unterziehen, soweit diese für die Entscheidung über die Leistung erforderlich sind.

Zu beachten ist auch § 63 SGB I. Wer danach wegen Krankheit oder Behinderung Sozialleistungen beantragt oder erhält, soll sich auf Verlangen des zuständigen Leistungsträgers einer Heilbehandlung unterziehen, wenn zu erwarten ist, dass sie eine Besserung seines Gesundheitszustands herbeiführen oder eine Verschlechterung verhindern wird. Zu den Pflichten nach den §§ 60 bis 67 SGB I kommen weitere Auskunfts- und Mitteilungspflichten (vgl. dazu Abschnitt 3.).

Allgemein gesehen sind natürlich auch die §§ 13 bis 15 SGB I für die GRV von Bedeutung. Es geht in § 13 SGB I darum, dass die Leistungsträger und ihre Verbände (vgl. dazu IX.) verpflichtet sind, im Rahmen ihrer Zuständigkeit die Bevölkerung über die Rechte und Pflichten nach dem SGB **aufzuklären**.

Die Rentenversicherungsträger kommen dieser Verpflichtung mit einem umfangreichen Angebot von Faltblättern und anderen Druckschriften nach. Solche Schriften gibt es zu nahezu jedem wichtigen Einzelthema aus dem Bereich der Rentenversicherung (z. B. über Hinzuverdienst und Renten, Erwerbsminderungsrenten, aber auch über Versicherungspflicht und Beitragszahlung, Leistungsansprüche im Ausland usw.). Die Schriften können kostenlos beim jeweils zuständigen Rentenversicherungsträger angefordert werden.

§ 14 SGB I beschäftigt sich mit dem Anspruch auf **Beratung**. Danach hat jeder Anspruch auf Beratung über seine Rechte und Pflichten nach dem SGB. Zuständig für die Beratung sind die Leistungsträger, denen gegenüber die Rechte geltend zu machen oder die Pflichten zu erfüllen sind.

Nach ausdrücklicher Vorschrift des § 15 Abs. 4 SGB I in der seit 1. 1. 2018 geltenden Fassung sollen die Träger der GRV über Möglichkeiten zum Aufbau einer staatlich geförderten zusätzlichen Altersvorsorge produkt- und anbieterneutral Auskünfte erteilen.

In diesem Zusammenhang ist die Vorschrift des § 109 SGB VI zu beachten. Zunächst wird die **Renteninformation** behandelt. Hiernach erhalten Versicherte, die das 27. Lebensjahr vollendet haben, jährlich eine schriftliche oder elektronische Renteninformation. Nach Vollendung des 55. Lebensjahres wird diese alle drei Jahre durch eine **Rentenauskunft** ersetzt.

Dies bedeutet, dass Versicherte, die das 55. Lebensjahr vollendet haben, von Amts wegen Auskunft über die Höhe der Anwartschaft, die ihnen ohne weitere rentenrechtliche Zeiten als Regelaltersrente zustehen würde, erhalten. Besteht ein berechtigtes Interesse, kann die Rentenauskunft auch **jüngeren Versicherten** erteilt werden oder in kürzeren Abständen erfolgen.

Absatz 2 des § 109 SGB VI bestimmt, dass die Renteninformation und die Rentenauskunft mit dem Hinweis zu versehen sind, dass die auf der Grundlage des geltenden Rechts und der im Versicherungskonto gespeicherten rentenrechtlichen Zeiten erstellt sind und damit unter dem Vorbehalt künftiger Rechtsänderungen sowie der Richtigkeit und Vollständigkeit der im Versicherungskonto gespeicherten rentenrechtlichen Zeiten stehen.

Mit dem Versand der zuletzt vor Vollendung des 50. Lebensjahres zu erteilenden Renteninformation ist darauf hinzuweisen, dass eine Rentenauskunft auch vor Vollendung des 55. Lebensjahres erteilt werden kann und dass eine Rentenauskunft auf Antrag auch die Höhe der Beitragszahlung zum Ausgleich einer Rentenminderung bei vorzeitiger Inanspruchnahme einer Rente wegen Alters enthält.

Mit Wirkung seit 1.1.2003 gilt § 109a SGB VI. Danach haben die Rentenversicherungsträger in Angelegenheiten des Gesetzes über eine bedarfsorientierte Grundsicherung im Alter und bei Erwerbsminderung zu informieren und zu beraten.

Bekanntlich sind die Rentenversicherungsträger auch Rehabilitationsträger i.S. des SGB IX. Mitglieder des Vorstandes einer Aktiengesellschaft (AG) sind nicht versicherungspflichtig. Das gilt auch für stellvertretende Vorstandsmitglieder einer AG[2]. Nach früherer Rechtsprechung gilt dies auch dann, wenn die genannten Personen neben der Vorstandstätigkeit eine Beschäftigung bei einem anderen Arbeitgeber ausüben[3]. Im Übrigen hat das BSG in seinem Urteil vom 27.3.1980[4] festgestellt, dass Vorstandsmitglieder von „größeren“ Versicherungsvereinen auf Gegenseitigkeit in entsprechender Anwendung des (heute) § 1 Satz 3 SGB VI nicht zu den Angestellten i.S. des SGB VI gehören und deshalb nicht der Versicherungspflicht in der Rentenversicherung unterliegen. Für Vorstandmitglieder einer

2 Urteil des Bundessozialgerichts – BSG – vom 18.9.1973 (12 RK 5/73, Die Beiträge 1973 S.349)

3 Urteil des BSG vom 26.3.1992 (11 RAr 15/91; Die Ortskrankenkasse – DOK – 1993 S.610)

4 12 RAr 1/79 (DOK 1981 S.86)

Genossenschaft gilt § 1 Satz 3 SGB VI nicht[5]. Auch für Vereinsvorstände gelten die Regelungen über die Versicherungsfreiheit für Vorstandsmitglieder von AGen nicht[6].

In § 1 SGB VI wird auch bestimmt, dass bestimmte Personen (behinderte Menschen, Personen in Einrichtungen der Jugendhilfe und Mitglieder geistlicher Genossenschaften usw.) als Beschäftigte i. S. des Rechts der Rentenversicherung gelten.

§ 2 SGB VI beschäftigt sich mit selbstständig Tätigen. Danach sind **versicherungspflichtig selbstständig Tätige**

1. Lehrer und Erzieher, die im Zusammenhang mit ihrer selbstständigen Tätigkeit keinen versicherungspflichtigen Arbeitnehmer beschäftigen;
2. Pflegepersonen, die in der Kranken-, Wochen- Säuglings- oder Kinderpflege tätig sind und im Zusammenhang mit ihrer selbstständigen Tätigkeit keinen versicherungspflichtigen Arbeitnehmer beschäftigen;
3. Hebammen und Entbindungspfleger;
4. Seelotsen der Reviere i. S. des Gesetzes über das Seelotswesen;
5. Künstler und Publizisten nach näherer Bestimmung des Künstlersozialversicherungsgesetzes;
6. Hausgewerbetreibende;
7. Küstenschiffer und Küstenfischer, die zur Besatzung ihres Fahrzeuges gehören oder als Küstenfischer ohne Fahrzeug fischen und regelmäßig nicht mehr als vier versicherungspflichtige Arbeitnehmer beschäftigen;
8. Gewerbetreibende, die in die Handwerksrolle eingetragen sind, wobei Eintragungen auf Grund der Führung eines Handwerksbetriebs nach den §§ 2 bis 4 der Handwerksordnung außer Betracht bleiben – ist eine Personengesellschaft in die Handwerksrolle eingetragen, gilt als Handwerker, wer als Gesellschafter in seiner Person die Voraussetzungen für die Eintragung in die Handwerksrolle erfüllt;
9. Personen, die
   a) im Zusammenhang mit ihrer selbstständigen Tätigkeit regelmäßig keinen versicherungspflichtigen Arbeitnehmer beschäftigen und

5 Vgl. z. B. das Urteil des BSG vom 21. 2. 1990 (12 RK 47/87; Urteilssammlung für die Soziale Krankenversicherung – USK – 9020)

6 Urteil des BSG vom 19. 6. 2001 (B 12 KR 44/00 R; Die Beiträge 2001 – Beil. – S. 230)

b) auf Dauer und im Wesentlichen nur für einen Auftraggeber tätig sind; bei Gesellschaften gelten als Auftraggeber die Auftraggeber der Gesellschaft.

Es wird hier von arbeitnehmerähnlichen Selbstständigen gesprochen.

II. Versicherungspflicht

1. Personenkreis

Die Vorschriften über die Versicherungspflicht kraft Gesetzes zur GRV finden sich in den §§ 1 bis 3 SGB VI, während die Versicherungspflicht auf Antrag in § 4 SGB VI geregelt ist.

§ 1 SGB VI zählt die Versicherungspflicht von Beschäftigten auf (vgl. zum Begriff der Beschäftigung die Ausführungen auf S. 23).

Diese sind:

1. Personen, die gegen Arbeitsentgelt oder zu ihrer Berufsausbildung beschäftigt sind – während des Bezuges von Kurzarbeitergeld nach dem SGB III besteht die Versicherungspflicht fort;
2. Behinderte Menschen, die
   a) in anerkannten Werkstätten für behinderte Menschen oder in Blindenwerkstätten oder für diese Einrichtungen in Heimarbeit oder bei einem anderen Leistungsanbieter tätig sind,
   b) in Anstalten, Heimen oder gleichartigen Einrichtungen in gewisser Regelmäßigkeit eine Leistung erbringen, die einem Fünftel der Leistung eines voll erwerbsfähigen Beschäftigten in gleichartiger Beschäftigung entspricht – hierzu zählen auch Dienstleistungen für den Träger der Einrichtung;
3. Personen, die in Einrichtungen der Jugendhilfe oder in Berufsbildungswerken oder ähnlichen Einrichtungen für behinderte Menschen für eine Erwerbsfähigkeit befähigt werden sollen; dies gilt auch für Personen während der individuellen betrieblichen Qualifizierung im Rahmen der unterstützten Beschäftigung;
4. Auszubildende, die in einer außerbetrieblichen Einrichtung im Rahmen eines Berufsausbildungsvertrages nach dem Berufsbildungsgesetz ausgebildet werden;
5. Mitglieder geistlicher Genossenschaften, Diakonissen und Angehörige ähnlicher Gemeinschaften während ihres Dienstes für die Gemeinschaft und während der Zeit ihrer außerschulischen Ausbildung.

Die Versicherungspflicht von Personen, die gegen Arbeitsentgelt oder zu ihrer Berufsausbildung beschäftigt sind, erstreckt sich auch auf Deutsche, die im Ausland bei einer amtlichen Vertretung des Bundes oder der Länder oder bei deren Leitern, deutschen Mitgliedern oder Bediensteten beschäftigt sind.

Personen, die Wehrdienst leisten und nicht in einem Dienstverhältnis als Berufssoldat oder Soldat auf Zeit stehen, sind in dieser Beschäftigung nicht nach Nr. 1 versicherungspflichtig. Sie gelten als Wehrdienstleistende i. S. des § 3 SGB VI (vgl. dazu die noch folgenden Ausführungen).

Seit 1. 1. 2004 bestimmt § 1 Satz 4 SGB VI, dass Mitglieder des Vorstandes einer AG in dem Unternehmen, dessen Vorstand sie angehören, nicht versicherungspflichtig beschäftigt sind. Dabei gelten Konzernunternehmen i. S. des § 18 des Aktiengesetzes als ein Unternehmen.

Als Arbeitnehmer i. S. des Satzes 1 Nr. 1, 2, 7 und 9 gelten

- auch Personen, die berufliche Kenntnisse, Fertigkeiten oder Erfahrungen im Rahmen beruflicher Bildung erwerben,
- nicht Personen, die geringfügig beschäftigt sind,
- für Gesellschafter auch Arbeitnehmer der Gesellschaft.

Mit **sonstigen Versicherten** beschäftigt sich § 3 SGB VI. Danach sind Personen in der Zeit versicherungspflichtig,

1. für die ihnen Kindererziehungszeiten anzurechnen sind (§ 56 SGB VI – vgl. die noch folgenden Ausführungen);

1a. in der sie eine oder mehrere pflegebedürftige Personen mit mindestens Pflegegrad 2 wenigstens 10 Stunden wöchentlich, verteilt auf regelmäßig mindestens 2 Tage in der Woche, in ihrer häuslichen Umgebung erwerbsmäßig pflegen (nicht erwerbsmäßig tätige Pflegepersonen), wenn der Pflegebedürftige Anspruch auf Leistungen aus der sozialen Pflegeversicherung oder einer privaten Pflege-Pflichtversicherung hat;

2. in der sie auf Grund gesetzlicher Pflicht Wehrdienst oder Zivildienst leisten;

2a. in der sie sich in einem Wehrdienstverhältnis besonderer Art nach § 6 des Einsatz-Verwendungsgesetzes befinden, wenn sich der Einsatzunfall während einer Zeit ereignet hat, in der sie nach Nummer 2 versicherungspflichtig waren;

2b. in der sie als ehemalige Soldaten auf Zeit Übergangsgebührnisse beziehen;

3. für die sie von einem Leistungsträger Krankengeld, Verletztengeld, Versorgungskrankengeld, Übergangsgeld, Arbeitslosengeld oder von der sozialen oder einer privaten Pflegeversicherung Pflegeunterstützungsgeld beziehen, wenn sie im letzten Jahr vor Beginn der Leistung zuletzt versicherungspflichtig waren; der Zeitraum von einem Jahr verlängert sich um Anrechnungszeiten wegen des Bezugs von Arbeitslosengeld II;

3a. für die sie von einem privaten Krankenversicherungsunternehmen, von einem Beihilfeträger des Bundes, von einem sonstigen öffentlich-rechtlichen Träger von Kosten in Krankheitsfällen auf Bundesebene, von dem Träger der truppenärztlichen Versorgung oder von einem öffentlich-rechtlichen Träger von Kosten in Krankheitsfällen auf Landesebene, wenn das Landesrecht dies vorsieht, Leistungen für den Ausfall von Arbeitseinkünften im Zusammenhang mit einer Spende von Organen oder Geweben oder mit einer Spende von Blut zur Separation von Blutstammzellen oder anderen Blutbestandteilen beziehen, wenn sie im letzten Jahr vor Beginn dieser Zahlung zuletzt versicherungspflichtig waren; der Zeitraum von einem Jahr verlängert sich um Anrechnungszeiten wegen des Bezugs von Arbeitslosengeld II,
4. für die sie Vorruhestandsgeld beziehen, wenn sie unmittelbar vor Beginn der Leistung versicherungspflichtig waren.

Pflegepersonen, die für ihre Tätigkeit von dem Pflegebedürftigen ein Arbeitsentgelt erhalten, welches das dem Umfang der Pflegetätigkeit entsprechende Pflegegeld[7] nicht übersteigt, gelten als nicht erwerbsmäßig tätig. Sie sind insoweit nicht als Arbeitnehmer versicherungspflichtig.

Nicht erwerbsmäßig tätige Pflegepersonen, die daneben regelmäßig mehr als 30 Stunden wöchentlich beschäftigt oder selbstständig tätig sind, sind nicht nach vorstehender Nr. 1a versicherungspflichtig.

Wehrdienstleistende oder Zivildienstleistende, die für die Zeit ihres Dienstes ihr Arbeitsentgelt weiter erhalten oder Leistungen für Selbstständige nach dem Unterhaltssicherungsgesetz bekommen, sind nicht nach obiger Nr. 2 versicherungspflichtig. In diesen Fällen gilt die Beschäftigung oder selbstständige Tätigkeit als nicht unterbrochen.

Der Wehr- und Zivildienst ist seit vielen Jahren ausgesetzt. Die Vorschriften über die Versicherungspflicht gelten aber für den freiwilligen Wehrdienst bzw. den Bundesfreiwilligendienst entsprechend.

Trifft eine Versicherungspflicht nach obiger Nr. 3 im Rahmen von Leistungen zur Teilhabe am Arbeitsleben mit einer Versicherungspflicht nach § 1 Satz 1 Nr. 2 oder 3 SGB VI (behinderte Menschen) zusammen, geht die Versicherungspflicht vor, nach der die höheren Beiträge zu zahlen sind.

Die Versicherungspflicht nach obiger Nr. 3 und 4 erstreckt sich auch auf Personen, die ihren gewöhnlichen Aufenthalt im Ausland haben.

7 Vgl. hierzu auch Band 214 der RdW-Schriftenreihe „Die Pflegeversicherung“

2. Beschäftigung

§ 1 Nr. 1 SGB VI fordert als Voraussetzung für die Versicherungspflicht von Arbeitnehmern eine Beschäftigung gegen Arbeitsentgelt oder zur Berufsausbildung. Der Begriff der Beschäftigung wird in § 7 SGB IV geregelt.

Danach ist Beschäftigung die nichtselbstständige Arbeit, insbesondere in einem Arbeitsverhältnis. Weiter wird ausdrücklich in § 7 Abs. 1 SGB IV bestimmt, dass Anhaltspunkte für eine Beschäftigung eine Tätigkeit nach Weisungen und eine Eingliederung in die Arbeitsorganisation des Weisungsgebers sind.

In Zusammenhang mit dem Vorliegen eines versicherungspflichtigen Beschäftigungsverhältnisses wird die sog. **„persönliche Abhängigkeit"** heute als stärkeres Kriterium angesehen als die Entgeltlichkeit (vgl. zu diesem Begriff Abschn. VII.2.). Nach der Rechtsprechung äußert sich die persönliche Abhängigkeit in der Eingliederung des Beschäftigten in einen Betrieb, wenn er dabei einem Zeit, Dauer und Ort der Ausführung umfassenden Weisungsrecht des Arbeitgebers unterliegt[8].

Allgemein wird als Gegensatz zur Arbeitnehmerbeschäftigung die **selbstständige Tätigkeit** herangezogen. Eine selbstständige Tätigkeit liegt dann vor, wenn der Arbeitende über seine Arbeitskraft, die Gestaltung seiner Tätigkeit sowie seiner Arbeitszeit im Wesentlichen frei verfügen kann und er außerdem ein eigenes Unternehmerrisiko trägt. Ein solches ist dann anzunehmen, wenn der Erfolg eines eigenen wirtschaftlichen Einsatzes ungewiss ist.

Eine **Weisungsgebundenheit** und damit eine unselbstständige Beschäftigung liegt dann vor, wenn sie in ihrer gesamten Durchführung vom Weisungsberechtigten (Arbeitgeber) namentlich durch Einzelanordnungen bestimmt werden kann[9]. Dagegen gelten als weisungsfrei und damit selbstständig solche Tätigkeiten, bei denen zwar die Ziele der Tätigkeit durch Regeln oder Normen, die die Grenzen der Handlungsfreiheit mehr in generell-abstrakter Weise umschreiben, vorgegeben sein können, jedoch die Art und Weise, wie diese Ziele erreicht werden, der Entscheidung der Tätigen überlassen bleibt.

Auch Prostituierte können abhängig beschäftigt sein[10].

Das für eine selbstständige Tätigkeit typische Unternehmerrisiko ist nicht mit einem Kapitalrisiko gleichzusetzen.

---

8 Vgl. beispielsweise das Urteil des BSG vom 27. 1. 1977 (12/3 RK 33/75; USK 7705)

9 Urteil des BSG vom 27. 3. 1980 (12 RK 26/79; Die Beiträge 1980 S. 366, 371)

10 § 3 des Gesetzes zur Regelung der Rechtsverhältnisse der Prostituierten (Prostitutionsgesetz – ProstG) vom 20. 12. 2001 (BGBl. I S. 3983)

Insbesondere bei freiberuflichen Tätigkeiten kann ein Unternehmerrisiko schon dann angenommen werden, wenn der Erfolg des Einsatzes der Arbeitskraft ungewiss ist, wenn also beispielsweise die Garantie eines Mindesteinkommens fehlt. Das BSG hat hervorgehoben[11], dass das Bestehen eines unternehmerischen Risikos dann als wesentliches Indiz für das Vorliegen einer selbstständigen Tätigkeit zu werten ist, wenn diesem Risiko größere Freiheiten in der Gestaltung des Arbeitsablaufs und der Bestimmung des Umfangs des Einsatzes der eigenen Arbeitskraft gegenüberstehen. Hierfür kann beispielsweise die Beschäftigung fremder Hilfskräfte von maßgeblicher Bedeutung für die Abgrenzung zwischen abhängiger Beschäftigung und selbstständiger Tätigkeit sein.

Nicht unbedingt notwendig ist, dass der Arbeitnehmer den Weisungen des Arbeitgebers auch tatsächlich folgt[12]. Vielmehr genügt u. a. seine Dienstbereitschaft. Ein versicherungspflichtiges Beschäftigungsverhältnis wird auch dann begründet, wenn der Arbeitgeber das zwischen ihm und dem Arbeitnehmer vereinbarte Arbeitsverhältnis noch vor dessen Beginn wieder kündigt, den (dienstbereiten) Arbeitnehmer bis zur rechtlichen Beendigung des Arbeitsverhältnisses von der Arbeitsleistung freistellt, ihm jedoch für diese Zeit das vereinbarte Arbeitsentgelt gewährt.

Bei Arbeiten, die wegen ihrer Kompliziertheit, möglicherweise aber nur wegen eines Bedürfnisses nach streng einheitlicher Ausrichtung („Genormtheit") nach Regeln erbracht werden müssen, die genau festgelegt sind, besteht ein Anhaltspunkt für Abhängigkeit[13]. Bis ins Einzelne gehende Weisungen oder wenigstens die Möglichkeit dazu sind gerade für ein abhängiges Beschäftigungsverhältnis typisch. Von selbstständigen Tätigkeiten lässt sich das allerdings nicht sagen. Das gilt selbst dann, wenn auch selbstständige Tätigkeiten mitunter – heute möglicherweise in zunehmenden Maße – ihrem Inhalt und ihrem äußeren Ablauf nach bestimmten Regeln folgen. Zwar ist die fehlende Garantie eines Mindesteinkommens auch als Indiz für ein Unternehmerrisiko zu werten, jedoch ist für die Bewertung das Gesamtbild entscheidend.

Das BSG hat es für nicht zulässig gehalten, in Zweifelsfällen, etwa wegen des starken Gewichtes der Sozialversicherung eher eine abhängige als eine selbstständige Tätigkeit anzunehmen[14]. Zunächst fehlt hier – nach Ansicht des BSG – eine gesetzliche Grundlage. Außerdem lässt sich eine solche Auffassung weder aus der Systematik des Sozialversicherungsrechts noch aus

11 Urteil des BSG vom 16.2.1982 (12 RK 6/81; DOK 1983 S.168)

12 Urteil des BSG vom 18.9.1973 (12 RK 15/72; Die Beiträge 1973 S.339)

13 Urteil des BSG vom 9.10.1984 (12 RK 22/84; Die Beiträge 1986 S.142)

14 Urteil des BSG vom 24.10.1978 (12 RK 58/76; Die Beiträge 1978 S.377)

dessen Grundgedanken des Schutzes der sozial schwächeren Teile der erwerbstätigen Bevölkerung ableiten.

Im Übrigen ist auch die arbeitsrechtliche Beurteilung nicht maßgebend, wenn es darum geht, ob jemand sozialversicherungspflichtig und damit auch versicherungspflichtig in der GRV ist.

Spricht die tatsächliche Ausgestaltung der Tätigkeit etwa gleichermaßen für Selbstständigkeit oder Abhängigkeit, dann ist dem in den **vertraglichen Vereinbarungen** zum Ausdruck gekommenen übereinstimmenden Willen der Vertragschließenden eine ausschlaggebende Bedeutung beizumessen[15].

Ergibt auch diese Prüfung keine Klarheit, dann muss darauf abgestellt werden, welche der beiden Erwerbsarten das Erwerbsleben des Beschäftigten prägt[16].

Im Übrigen kann auch die Ungewissheit über einen Erfolg des Einsatzes der Arbeitskraft ein Unternehmerrisiko sein, wenn dieses Risiko nicht durch die Höhe eines etwa gezahlten Garantieeinkommens (Fixum) wieder aufgehoben oder weitgehend gemindert ist[17].

Nach ausdrücklicher Vorschrift des § 7 Abs. 2 SGB IV gilt als Beschäftigung auch der **Erwerb beruflicher Kenntnisse, Fertigkeiten oder Erfahrungen im Rahmen betrieblicher Berufsbildung.**

Eine Beschäftigung als Arbeitsentgelt gilt im Übrigen als fortbestehend, solange das Beschäftigungsverhältnis ohne Anspruch auf Arbeitsentgelt fortdauert, jedoch nicht länger als einen Monat (§ 7 Abs. 3 SGB IV). Vorstehendes gilt allerdings nicht, wenn Krankengeld, Krankentagegeld, Verletztengeld, Versorgungskrankengeld, Übergangsgeld, Pflegeunterstützungsgeld oder Mutterschaftsgeld oder nach gesetzlichen Vorschriften Elterngeld bezogen oder Elternzeit in Anspruch genommen oder freiwilliger Wehrdienst oder Bundesfreiwilligendienst geleistet wird.

Die Beschäftigung gilt auch dann nicht als fortbestehend, wenn eine Pflegezeit im Sinne des PflegeZG in Anspruch genommen wird.

3. Anfrageverfahren

Der Begriff der Scheinselbstständigkeit war lange Zeit umstritten. So ist der Gesetzgeber mit Wirkung ab 1. 1. 1999 davon ausgegangen, dass jemand, der verschiedene Kriterien erfüllte, als Arbeitnehmer angesehen wurde.

15 Vgl. dazu beispielsweise das Urteil des BSG vom 24. 6. 1986 (12 BK 19/86; Die Beiträge 1986 S. 257)

16 Vgl. dazu das Urteil des BSG vom 24. 6. 1986 (Fn. 10)

17 Urteil des BSG vom 1. 10. 1979 (12 RK 24/78; Die Beiträge 1980 S. 114)

Diese Person galt als scheinselbstständig. Infolge starker Proteste sind diese Regelungen beseitigt worden.

Von besonderer Bedeutung in Zusammenhang mit der Frage, ob eine unselbstständige Beschäftigung oder eine selbstständige Tätigkeit vorliegt, ist § 7a SGB IV (Anfrageverfahren). Danach können die Beteiligten schriftlich oder elektronisch eine **Entscheidung** darüber beantragen, **ob eine Beschäftigung vorliegt**. Das gilt lediglich dann nicht, wenn die Einzugsstelle für den Gesamtsozialversicherungsbeitrag (Krankenkasse) oder ein anderer Versicherungsträger im Zeitpunkt der Antragstellung bereits ein Verfahren zur Feststellung einer Beschäftigung eingeleitet hatte. Über den Antrag entscheidet die Deutsche Rentenversicherung Bund (DRVB).

Nach § 7a Abs. 2 SGB IV entscheidet die DRVB auf Grund einer Gesamtwürdigung aller Umstände des Einzelfalles, ob eine Beschäftigung vorliegt.

Die DRVB teilt gem. § 7a Abs. 3 SGB IV den Beteiligten, also dem Auftraggeber und dem Auftragnehmer, schriftlich oder elektronisch mit, welche Angaben und Unterlagen sie für ihre Entscheidung benötigt. Sie setzt den Beteiligten eine angemessene Frist, innerhalb der diese alle Angaben zu machen und die Unterlagen vorzulegen haben.

Die DRVB teilt den Beteiligten mit, welche Entscheidung sie zu treffen beabsichtigt, bezeichnet die Tatsachen, auf die sie ihre Entscheidung stützen will, und gibt den Beteiligten Gelegenheit, sich zu der beabsichtigten Entscheidung zu äußern (§ 7a Abs. 4 SGB IV).

Seit 1. 1. 2005 hat die Einzugsstelle für den Gesamtsozialversicherungsbeitrag (zuständige Krankenkasse oder – bei geringfügig Beschäftigten – die Deutsche Rentenversicherung Knappschaft-Bahn-See) in bestimmten Fällen einen Antrag auf Durchführung des Anfrageverfahrens bei der DRVB zu stellen. Dies hat dann zu geschehen, wenn sich aus der Anmeldung des Arbeitgebers ergibt, dass der Beschäftigte Ehegatte bzw. (gleichgeschlechtlicher) Lebenspartner oder Abkömmling des Arbeitgebers oder geschäftsführender Gesellschafter einer Gesellschaft mit beschränkter Haftung ist.

Das BSG hat mit Urteil vom 3. 6. 2009[18] hervorgehoben, dass im Anfrageverfahren (auch als Statusfeststellungsverfahren bezeichnet) die DRVB verpflichtet ist festzustellen, ob eine zur Überprüfung gestellte Tätigkeit als Beschäftigung Versicherungspflicht auslöst oder nicht. In einem weiteren Urteil vom 3. 6. 2009[19] hat das BSG festgestellt, dass die Entscheidung im Statusfeststellungsverfahren auch erst nach Ende der betreffenden Beschäftigung erfolgen kann. Das Anfrageverfahren kann also auch nach Beendi-

18 B 12 KR 6/08 (Die Beiträge 2009 – Beilage – S. 196)

19 B 12 KR 31/07 R (Die Beiträge 2009 – Beilage – S. 195)

gung der Beschäftigung oder Tätigkeit, die zu beurteilen ist, beantragt und durchgeführt werden.

Die Entscheidung der DRVB über das Vorliegen einer versicherungspflichtigen Beschäftigung im Rahmen des Anfrageverfahrens ist für die Träger der Arbeitsverwaltung **leistungsrechtlich** bindend (§ 336 SGB III).

Wird der Antrag auf Durchführung des Anfrageverfahrens innerhalb eines Monats nach Aufnahme der Tätigkeit gestellt und stellt die DRVB ein versicherungspflichtiges Beschäftigungsverhältnis fest, tritt die Versicherungspflicht mit der Bekanntgabe der Entscheidung ein. Das gilt aber nur, wenn der Beschäftigte zustimmt und er für den Zeitraum zwischen Aufnahme der Beschäftigung und der Entscheidung eine Absicherung gegen das finanzielle Risiko von Krankheit und zur Altersvorsorge vorgenommen hat, die der Art nach den Leistungen der gesetzlichen Krankenversicherung und der GRV entspricht (§ 7a Abs. 6 SGB IV).

Der Gesamtsozialversicherungsbeitrag wird erst zu dem Zeitpunkt fällig, zu dem die Entscheidung, dass eine Beschäftigung vorliegt, unanfechtbar geworden ist.

Widerspruch und Klage gegen Entscheidungen, dass eine Beschäftigung vorliegt, haben aufschiebende Wirkung. Eine Klage auf Erlass der Entscheidung ist nach Ablauf von drei Monaten zulässig.

Mit Artikel 160 des Gesetzes zum Abbau verzichtbarer Anordnungen der Schriftform im Verwaltungsrecht des Bundes vom 29.03.2017 (BGBl. I S. 626) wurde für das Statusfeststellungsverfahren die Möglichkeit der elektronischen Antragstellung eröffnet, auch die Anforderung erforderlicher Angaben oder Unterlagen kann danach elektronisch erfolgen. Aufgrund dieser gesetzlichen Änderung sowie zwischenzeitlich ergangener Rechtsprechung ist das gemeinsame Rundschreiben überarbeitet worden. Das aktualisierte Rundschreiben löst mit Wirkung ab 01.07.2019 das bisherige Rundschreiben vom 13.04.2010 ab. Es handelt sich hier um das Rundschreiben „Statusfeststellung von Erwerbstätigen“ des GKV-Spitzenverbandes, der Deutschen Rentenversicherung Bund und der Bundesagentur für Arbeit vom 21.03.2019.

4. Versicherungspflicht auf Antrag

Die §§ 1 bis 3 SGB VI (vgl. dazu die Ausführungen auf S. 17) regeln die Versicherungspflicht kraft Gesetzes. Hier kommt es nicht auf den Willen der Beteiligten an. Ganz anders verhält es sich mit § 4 SGB VI. Dort geht es um Entstehen von Versicherungspflicht auf Antrag. Gemäß § 4 Abs. 1 SGB VI sind **auf Antrag versicherungspflichtig**

1. Entwicklungshelfer i. S. des Entwicklungshelfer-Gesetzes, die Entwicklungsdienst oder Vorbereitungsdienst leisten;
2. Angehörige eines Mitgliedstaates der EU, Angehörige eines Vertragsstaates des Abkommens über den Europäischen Wirtschaftsraum (EWR) oder Staatsangehörige der Schweiz, die für eine begrenzte Zeit im Ausland beschäftigt sind;
3. sekundierte Personen nach dem Sekundierungsgesetz[20].

Auf Antrag ihres Arbeitgebers sind auch Angehörige eines Mitgliedstaates der EU, Angehörige eines Vertragsstaates des EWR oder Staatsangehörige der Schweiz, die im Ausland bei einer amtlichen Vertretung des Bundes oder der Länder oder bei einem Leiter, Mitglied oder Bediensteten einer amtlichen Vertretung des Bundes oder der Länder beschäftigt sind, versicherungspflichtig.

Voraussetzung ist, dass die Versicherungspflicht von einer Stelle beantragt wird, die ihren Sitz im Inland hat.

Personen, denen für die Zeit des Dienstes oder der Beschäftigung im Ausland Versorgungsanwartschaften gewährleistet sind, gelten im Rahmen der Nachversicherung (vgl. dazu die Ausführungen auf S. 30) auch ohne Antrag als versicherungspflichtig.

Nach § 4 Abs. 2 SGB IV sind auf Antrag Personen versicherungspflichtig, die nicht nur vorübergehend selbstständig tätig sind, wenn sie die Versicherungspflicht innerhalb von fünf Jahren nach der Aufnahme der selbstständigen Tätigkeit oder dem Ende einer Versicherungspflicht auf Grund dieser Tätigkeit beantragen.

Das BSG hat in diesem Zusammenhang festgestellt[21], dass sog. Doppelberufler sich trotz einer bestehenden Pflichtversicherung als Arbeitnehmer als Selbstständige nochmals versichern können[22]. In dem Fall, der der Entscheidung vom 13. 9. 1979 zu Grunde lag, handelte es sich um einen Angestellten, der daneben eine selbstständige Tätigkeit als Buchhändler durchführte. Voraussetzung ist nach Ansicht des BSG, dass die selbstständige Tätigkeit und die abhängige Beschäftigung zwar gleichzeitig, jedoch unab-

20 Gesetz zur Regelung von Sekundierungen im Rahmen von Einsätzen der zivilen Krisenprävention (Sekundierungsgesetz – SekG) vom 27. 6. 2017 (BGBl. I S. 2070). Nach § 2 des Gesetzes bedeutet „Sekundierung" die soziale Absicherung einer Person, die im Rahmen eines internationalen Einsatzes zur zivilen Krisenprävention bei einer aufnehmenden Einrichtung tätig ist.

21 Urteil des BSG vom 13. 9. 1979 (12 RK 26/77; Die Beiträge 1980 S. 116, 250)

22 Vgl. dazu auch die Entscheidung des BSG vom 9. 12. 1982 (12 RK 8/82; Die Beiträge 1983 S. 204, 347)

hängig voneinander ausgeübt werden. Der Beginn der Antragsfrist richtet sich in solchen Fällen ausschließlich nach der Aufnahme der selbstständigen Tätigkeit[23].

Die Fünf-Jahres-Frist des § 4 Abs. 2 SGB VI ist eine Ausschlussfrist, bei deren Versäumnis eine Wiedereinsetzung in den vorigen Stand nicht möglich ist[24]. Kann nicht festgestellt werden, dass der Brief des Antragstellers bis um 24.00 Uhr des letzten Tages der Frist in das Postschließfach einsortiert wurde oder auf andere Weise in den Verfügungsbereich des Rentenversicherungsträgers gelangt ist, so kann auch die Einhaltung der Ausschlussfrist nicht festgestellt werden. Insoweit trifft die Feststellungslast (objektive Beweislast) grundsätzlich den Antragsteller.

Nach § 4 Abs. 3 SGB VI sind auf Antrag Personen versicherungspflichtig, die

1. eine der in § 3 Satz 1 Nr. 3 SGB VI genannten Sozialleistungen beziehen (Krankengeld, Verletztengeld, Versorgungskrankengeld, Übergangsgeld, Pflegeunterstützungsgeld oder Arbeitslosengeld) und nicht nach dieser Vorschrift versicherungspflichtig sind,
2. nur deshalb keinen Anspruch auf Krankengeld i. S. der gesetzlichen Krankenversicherung haben, weil sie dort nicht versichert oder dort ohne Krankengeldanspruch versichert sind, für die Zeit der Arbeitsunfähigkeit oder der Ausführung von Leistungen zur medizinischen Rehabilitation oder zur Teilhabe am Arbeitsleben, wenn sie im letzten Jahr vor Beginn der Arbeitsunfähigkeit oder der Ausführung von Leistungen zur medizinischen Rehabilitation oder zur Teilhabe am Arbeitsleben zuletzt versicherungspflichtig waren, längstens jedoch für 18 Monate.

Dies gilt auch für Personen, die ihren gewöhnlichen Aufenthalt im Ausland haben.

Die Vorschriften über die Versicherungsfreiheit und die Befreiung von der Versicherungspflicht (vgl. dazu III.) gelten auch für die Versicherungspflicht auf Antrag (§ 4 Abs. 3a SGB VI).

Die Versicherungspflicht auf Antrag beginnt gem. § 4 Abs. 4 SGB VI (mit Ausnahme der Leistungsbezieher) mit dem Tag, der dem Eingang des Antrags folgt, frühestens jedoch mit dem Tag, an dem die Voraussetzungen eingetreten sind. Handelt es sich um die Bezieher bestimmter Sozialleistungen bzw. um Personen, die keinen Krankengeldanspruch haben, beginnt die Versicherungspflicht mit Leistungsbeginn bzw. mit Beginn der Arbeitsunfä-

23 Urteil des BSG vom 15. 12. 1983 (12 RK 6/83; DOK 1984 S. 798)

24 Vgl. insbesondere das Urteil des BSG vom 1. 2. 1979 (12 RK 33/77; DOK 1979 S. 965)

higkeit oder Rehabilitation. Voraussetzung ist, dass der Antrag innerhalb von drei Monaten danach gestellt wird. Andernfalls beginnt die Versicherungspflicht mit dem Tag, der dem Eingang des Antrages folgt, frühestens jedoch mit dem Ende der Versicherungspflicht auf Grund einer vorausgehenden versicherungspflichtigen Beschäftigung oder Tätigkeit.

Sie endet mit Ablauf des Tages, an dem die Voraussetzungen weggefallen sind.

5. Sonderfälle

→ Nachversicherung und Versorgungsausgleich

Nach § 8 SGB VI sind auch Personen versichert,

1. die nachversichert sind oder
2. für die auf Grund eines Versorgungsausgleichs (wird im Falle einer Ehescheidung durchgeführt) oder eines Rentensplittings Rentenanwartschaften übertragen oder begründet sind.

Nachversicherte stehen nach ausdrücklicher Vorschrift des § 8 Abs. 1 SGB VI den Personen gleich, die versicherungspflichtig sind.

Nach § 8 Abs. 2 SGB VI werden Personen nachversichert, die als

1. Beamte oder Richter auf Lebenszeit, auf Zeit oder auf Probe, Berufssoldaten und Soldaten auf Zeit sowie Beamte auf Widerruf im Vorbereitungsdienst,
2. sonstige Beschäftigte von Körperschaften, Anstalten oder Stiftungen des öffentlichen Rechts, deren Verbänden einschließlich der Spitzenverbände oder ihrer Arbeitsgemeinschaften,
3. satzungsmäßige Mitglieder geistlicher Genossenschaften, Diakonissen oder Angehörige ähnlicher Gemeinschaften oder
4. Lehrer oder Erzieher an nicht-öffentlichen Schulen oder Anstalten

versicherungsfrei waren oder von der Versicherungspflicht befreit worden sind (vgl. dazu III.). Voraussetzung für die **Nachversicherung** ist allerdings, dass sie ohne Anspruch oder Anwartschaft auf Versorgung aus der Beschäftigung ausgeschieden sind oder ihren Anspruch auf Versorgung verloren haben und Gründe für einen Aufschub der Beitragszahlung (vgl. dazu die noch folgenden Ausführungen) nicht gegeben sind.

Die Nachversicherung erstreckt sich auf den Zeitraum, in dem die Versicherungsfreiheit oder die Befreiung von der Versicherungspflicht vorgelegen hat (Nachversicherungszeitraum).

Bei einem Ausscheiden durch Tod erfolgt eine Nachversicherung nur, wenn ein Anspruch auf Hinterbliebenenrente geltend gemacht werden kann.

Mit der Beitragszahlung im Falle der Nachversicherung beschäftigen sich die §§ 181 bis 186 SGB VI.

Mit dem Aufschub der Beitragsentrichtung in Fällen der Nachversicherung beschäftigt sich § 184 SGB VI. Nach Absatz 2 dieser Vorschrift wird nämlich die **Beitragszahlung aufgeschoben**, wenn

- die Beschäftigung nach einer Unterbrechung, die infolge ihrer Eigenart oder vertraglich im Voraus zeitlich begrenzt ist, voraussichtlich wieder aufgenommen wird,
- eine andere Beschäftigung sofort oder voraussichtlich innerhalb von zwei Jahren nach dem Ausscheiden oder innerhalb eines Jahres nach dem Wegfall von Übergangsgebührnissen aufgenommen wird, in der wegen Gewährleistung einer Versorgungsanwartschaft Versicherungsfreiheit besteht oder eine Befreiung von der Versicherungspflicht erfolgt, sofern der Nachversicherungszeitraum bei Versorgungsanwartschaft aus der anderen Beschäftigung berücksichtigt wird,
- eine widerrufliche Versorgung gezahlt wird, die der aus einer Nachversicherung erwachsenden Rentenanwartschaft mindestens gleichwertig ist.

Bei den beiden ersten Tatbeständen erstreckt sich der Aufschub der Beitragszahlung auf die Zeit der wiederaufgenommenen oder anderen Beschäftigung und endet mit einem Eintritt der Nachversicherungsvoraussetzungen für diese Beschäftigungen (§ 184 Abs. 2 SGB VI).

Über den Aufschub der Beitragszahlung entscheiden die Arbeitgeber, Genossenschaften oder Gemeinschaften (§ 184 Abs. 3 SGB VI). Wird die Beitragszahlung aufgeschoben, erteilen gem. § 184 Abs. 4 SGB VI die Arbeitgeber, Genossenschaften oder Gemeinschaften dem ausgeschiedenen Beschäftigten und dem Träger der Rentenversicherung eine Bescheinigung über den Nachversicherungszeitraum und die Gründe für einen Aufschub der Beitragszahlung (Aufschubbescheinigung). Die ausgeschiedenen Beschäftigten und der Rentenversicherungsträger können veranlassen, dass sich die Aufschubbescheinigung auch auf die beitragspflichtigen Einnahmen erstreckt, die einer Nachversicherung in den einzelnen Kalenderjahren zu Grunde zu legen wären. Wird allerdings jemand aus dem Beamtenverhältnis entlassen, liegt eine vorübergehende Beschäftigung nicht vor[25].

25 Urteil des BSG vom 11. 9. 1980 (1 RA 81/79; Die Beiträge 1980 S. 368)

→ Wertguthaben

Flexible Arbeitszeitregelungen werden in der deutschen Wirtschaft seit langem angewandt. Sie waren schon bisher durch entsprechende Regelungen im Sozialgesetzbuch – Viertes Buch (SGB IV) sozialversicherungsrechtlich abgesichert.

Zum 1.1.2009 hat es hier aber erhebliche Änderungen gegeben. Durch ein Gesetz, das auch als zweites Flexigesetz[26] bezeichnet wird, ist das Recht der flexiblen Arbeitszeit im sozialrechtlichen Bereich neu geregelt worden.

Eine „Beschäftigung" im sozialversicherungsrechtlichen Sinne und damit Versicherungsschutz besteht auch in Zeiten der Freistellung von der Arbeitsleistung von mehr als einem Monat. Dies betrifft **Blockarbeitszeitregelungen**. Dabei geht es darum, dass ein Arbeitnehmer – bei gekürztem Entgelt – eine bestimmte Zeit voll arbeitet und dann in einem weiteren Block eine Freistellung von der Arbeitsleistung erfolgt. Voraussetzung für die Versicherungspflicht ist, dass während der Freistellung Arbeitsentgelt aus einem Wertguthaben fällig ist. Außerdem darf das monatlich fällige Arbeitsentgelt in der Zeit der Freistellung nicht unangemessen von dem für die vorausgegangenen zwölf Kalendermonate abweichen, in denen Arbeitsentgelt bezogen wurde. Eine Beschäftigung im sozialversicherungsrechtlichen Sinne bleibt auch dann erhalten, wenn das monatliche Arbeitsentgelt 450 Euro nicht übersteigt. Das gilt aber nur, wenn die Beschäftigung vor der Freistellung als geringfügige Beschäftigung ausgeübt wurde.

Beginnt ein Beschäftigungsverhältnis mit einer Freistellungszeit, gelten die vorstehenden Ausführungen ebenfalls. Allerdings ist zu beachten, dass das monatlich fällige Arbeitsentgelt in der Zeit der Freistellung nicht unangemessen von dem für die Zeit der Arbeitsleistung abweichen darf, mit der das Arbeitsentgelt später erzielt werden soll. Eine Beschäftigung gilt auch dann als fortbestehend, wenn Arbeitsentgelt aus einem Wertguthaben bezogen wird, das auf die Deutsche Rentenversicherung Bund übertragen wurde (vgl. dazu noch die folgenden Ausführungen).

→ Wertguthabenvereinbarungen

Eine Wertguthabenvereinbarung liegt vor, wenn

1. der Aufbau des Wertguthabens auf Grund einer schriftlichen Vereinbarung erfolgt,

26 Gesetz zur Verbesserung der Rahmenbedingungen für die Absicherung flexibler Arbeitszeitregelungen und zur Änderung anderer Gesetze vom 21.12.2008, BGBl. I S. 2940

2. diese Vereinbarung nicht das Ziel der flexiblen Gestaltung der werktäglichen oder wöchentlichen Arbeitszeit oder den Ausgleich betrieblicher Produktions- und Arbeitszeitzyklen verfolgt,
3. Arbeitsentgelt in das Wertguthaben eingebracht wird, um es für Zeiten der Freistellung von der Arbeitsleistung oder der Verringerung der vertraglich vereinbarten Arbeitszeit zu entnehmen,
4. das aus dem Wertguthaben fällige Arbeitsentgelt mit einer vor oder nach der Freistellung von der Arbeitsleistung oder der Verringerung der vertraglich vereinbarten Arbeitszeit erbrachten Arbeitsleistung erzielt wird und
5. das fällige Arbeitsentgelt insgesamt 450 Euro monatlich übersteigt, es sei denn, die Beschäftigung wurde vor der Freistellung als geringfügige Beschäftigung ausgeübt.

→ Verwendung von Wertguthaben

Mit der Verwendung von Wertguthaben beschäftigt sich § 7c SGB IV.

Das Wertguthaben auf Grund einer Vereinbarung nach § 7b kann in Anspruch genommen werden

1. für gesetzlich geregelte vollständige oder teilweise Freistellungen von der Arbeitsleistung oder gesetzlich geregelte Verringerungen der Arbeitszeit, insbesondere für Zeiten,
   a) in denen der Beschäftigte eine Freistellung nach § 3 des Pflegezeitgesetzes oder nach § 2 des Familienpflegezeitgesetzes verlangen kann,
   b) in denen der Beschäftigte nach § 15 des Bundeselterngeld- und Elternzeitgesetzes ein Kind selbst betreut und erzieht,
   c) für die der Beschäftigte eine Verringerung seiner vertraglich vereinbarten Arbeitszeit nach § 8 oder § 9a des Teilzeit- und Befristungsgesetzes verlangen kann; § 8 des Teilzeit- und Befristungsgesetzes gilt mit der Maßgabe, dass die Verringerung der Arbeitszeit auf die Dauer der Entnahme aus dem Wertguthaben befristet werden kann,
2. für vertraglich vereinbarte vollständige oder teilweise Freistellungen von der Arbeitsleistung oder vertraglich vereinbarte Verringerungen der Arbeitszeit, insbesondere für Zeiten,
   a) die unmittelbar vor dem Zeitpunkt liegen, zu dem der Beschäftigte eine Rente wegen Alters nach dem Sechsten Buch bezieht oder beziehen könnte oder

b) in denen der Beschäftigte an beruflichen Qualifizierungsmaßnahmen teilnimmt.

Die Vertragsparteien können die Zwecke, für die das Wertguthaben in Anspruch genommen werden kann, in der Vereinbarung nach § 7b SGB IV abweichend auf bestimmte Zwecke beschränken.

→ Führung und Verwaltung von Wertguthaben

Wertguthaben werden als Arbeitsentgeltguthaben (einschließlich des darauf entfallenden Arbeitgeberanteils am Gesamtsozialversicherungsbeitrag) zugeführt. Die Arbeitszeitguthaben sind in Arbeitsentgelt umzurechnen.

Ausdrücklich vorgeschrieben ist im Übrigen, dass die Arbeitgeber Beschäftigte mindestens einmal jährlich in Textform über die Höhe ihres im Wertguthaben enthaltenen Arbeitsentgeltguthabens zu unterrichten haben.

Für die sichere Anlage von Wertguthaben gelten die Vorschriften über die Anlage der Mittel von Versicherungsträgern nach dem SGB IV entsprechend. Dort ist bestimmt, welche Anlageformen für die Anlegung der Rücklage der Versicherungsträger in Frage kommen.

Die erwähnten Vorschriften gelten für das Wertguthaben allerdings mit der Maßgabe, dass eine Anlage in Aktien oder Aktienfonds im Regelfall nur bis zu einer Höhe von 20 % zulässig ist. Außerdem muss ein Rückfluss zum Zeitpunkt der Inanspruchnahme des Wertguthabens mindestens in der Höhe des angelegten Betrages gewährleistet sein.

→ Insolvenzschutz

§ 7e SGB IV verpflichtet die Vertragsparteien, im Rahmen ihrer Wertguthabenvereinbarung durch den Arbeitgeber zu erfüllende Vorkehrungen zu treffen. Dadurch ist das Wertguthaben einschließlich des darin enthaltenen Gesamtsozialversicherungsbeitrags gegen das Risiko der Insolvenz des Arbeitgebers vollständig abzusichern. Dies hat zu geschehen, soweit

- ein Anspruch auf Insolvenzgeld nicht besteht und wenn
- das Wertguthaben des Beschäftigten einschließlich des darin enthaltenen Gesamtsozialversicherungsbeitrags einen Betrag in Höhe der monatlichen Bezugsgröße übersteigt, also 2022 in den alten Ländern 3290 Euro, im Beitrittsgebiet 3150 Euro.

Abweichungen hiervon können durch Tarifvertrag bzw. Betriebsvereinbarung festgelegt werden.

Zur Erfüllung dieser Verpflichtung sind Wertguthaben durch einen Dritten zu führen, der im Fall der Insolvenz des Arbeitgebers für die Erfüllung der Ansprüche aus dem Wertguthaben eintritt. Das Gesetz nennt in diesem Zusammenhang „insbesondere" ein Treuhandverhältnis. Dieses Verhältnis muss die unmittelbare Übertragung des Wertguthabens in das Vermögen des Dritten und die Anlage des Wertguthabens auf einem offenen Treuhandkonto oder in anderer geeigneter Weise sicherstellen.

Die Vertragsparteien können in der Wertguthabenvereinbarung ein anderes, einem Treuhandverhältnis im vorstehenden Sinne gleichwertiges Sicherungsmittel vereinbaren. Dabei geht es insbesondere um ein Versicherungsmodell oder schuldrechtliches Verpfändungs- oder Bürgschaftsmodell mit ausreichender Sicherung gegen Kündigung.

Der Arbeitgeber ist verpflichtet, den Beschäftigten unverzüglich über die Vorkehrungen zum Insolvenzschutz in geeigneter Weise schriftlich zu unterrichten. § 7e Abs. 5 SGB IV beschäftigt sich mit der Möglichkeit, dass der Beschäftigte die Wertguthabenvereinbarung kündigt, wenn der Arbeitgeber seinen Verpflichtungen zum Schutz des Wertguthabens nicht nachkommt. Zu diesem Zweck muss der Arbeitnehmer seinen Arbeitgeber schriftlich auffordern, seine Verpflichtungen zu erfüllen. Weist der Arbeitgeber des Beschäftigten nicht innerhalb von zwei Monaten nach der Aufforderung die Erfüllung seiner Verpflichtung zur Insolvenzsicherung des Wertguthabens nach, kann der Beschäftigte die Wertguthabenvereinbarung mit sofortiger Wirkung kündigen. Das Wertguthaben ist dann aufzulösen.

→ Haftung des Arbeitgebers

Kommt es wegen eines nicht geeigneten oder nicht ausreichenden Insolvenzschutzes zu einer Verringerung oder einem Verlust des Wertguthabens, haftet der Arbeitgeber für den entstandenen Schaden. Wenn es sich bei dem Arbeitgeber um eine juristische Person oder eine Gesellschaft ohne Rechtspersönlichkeit handelt, haften auch die organschaftlichen Vertreter gesamtschuldnerisch für den Schaden. § 7e Abs. 8 SGB IV erklärt es für unzulässig, die Vorkehrungen zum Insolvenzschutz vor der bestimmungsgemäßen Auflösung des Wertguthabens zu beendigen, aufzulösen oder zu kündigen. Das gilt nur dann nicht, wenn die Vorkehrungen mit Zustimmung des Beschäftigten durch einen mindestens gleichwertigen Insolvenzschutz abgelöst werden.

Gegenüber öffentlich-rechtlichen Arbeitgebern finden die Vorschriften über den Insolvenzschutz keine Anwendung.

→ Übertragung von Wertguthaben

Der Beschäftigte kann vom bisherigen Arbeitgeber verlangen, dass das Wertguthaben auf die Deutsche Rentenversicherung Bund (DRVB) übertragen wird. Voraussetzung ist, dass das Wertguthaben einschließlich des Gesamtsozialversicherungsbeitrags einen Betrag in Höhe des Sechsfachen der monatlichen Bezugsgröße übersteigt. Die Rückübertragung ist ausgeschlossen. Das Sechsfache der monatlichen Bezugsgröße beträgt 2022 in den alten Bundesländern 19 740 Euro und in den neuen Ländern 18 900 Euro.

Nach der Übertragung sind die mit dem Wertguthaben verbundenen Arbeitgeberpflichten vom neuen Arbeitgeber oder von der DRVB zu erfüllen. Erfolgte eine Übertragung auf die DRVB, kann der Beschäftigte das Wertguthaben für Zeiten der Freistellung von der Arbeitsleistung und Zeiten der Verringerung der vertraglich vereinbarten Arbeitsleistung in Anspruch nehmen. Das gilt auch für außerhalb eines Arbeitsverhältnisses liegende Zeiten.

Wichtig: Der Antrag ist spätestens einen Monat vor der begehrten Freistellung schriftlich bei der DRVB zu stellen. In dem Antrag muss auch angegeben werden, in welcher Höhe Arbeitsentgelt aus dem Wertguthaben entnommen werden soll.

Die DRVB verwaltet die ihr übertragenen Wertguthaben einschließlich des darin enthaltenen Gesamtsozialversicherungsbeitrags als ihr übertragene Aufgabe bis zu deren endgültigen Auflösung getrennt von ihrem sonstigen Vermögen treuhänderisch.

Die Wertguthaben sind nach den Vorschriften über die Anlage der Mittel von Versicherungsträgern anzulegen. Die der DRVB durch die Übertragung, Verwaltung und Verwendung von Wertguthaben entstehenden Kosten sind vollständig vom Wertguthaben abzuziehen.

→ Beitragspflichtige Einnahmen bei flexiblen Arbeitszeitregelungen

Bei Wertguthabenvereinbarungen ist für Zeiten der tatsächlichen Arbeitsleistung und Zeiten der Inanspruchnahme des Wertguthabens das in dem jeweiligen Zeitraum fällige Arbeitsentgelt als Arbeitsentgelt im sozialversicherungsrechtlichen Sinne anzusehen.

Soweit das Wertguthaben nicht vereinbarungsgemäß verwendet wird, ist als Arbeitsentgelt im Sinne der Sozialversicherung die Summe der Arbeitsentgelte maßgebend, die zum Zeitpunkt der tatsächlichen Arbeitsleistung ohne Berücksichtigung der Wertguthabenvereinbarung beitragspflichtig gewesen wären. Die Beitragsbemessungsgrenzen sind nicht zu berücksichtigen.

Das Wertguthaben wird insbesondere dann nicht vereinbarungsgemäß verwendet, wenn es nicht laufend für eine Zeit der Freistellung von der Arbeitsleistung oder der Verringerung der vertraglich vereinbarten Arbeitszeit in Anspruch genommen wird. Das Gleiche gilt, wenn es nicht mehr für solche Zeiten gezahlt werden kann, da das Beschäftigungsverhältnis vorzeitig beendet wurde.

Maßgebend für die Berücksichtigung als Arbeitsentgelt ist höchstens der Betrag des Wertguthabens aus diesen Entgelten zum Zeitpunkt der nicht zweckentsprechenden Verwendung des Arbeitsentgelts.

III. Versicherungsfreiheit, Verzicht auf die Versicherungsfreiheit und Befreiung von der Versicherungspflicht

1. Geringfügige Beschäftigung

Nach § 5 Abs. 2 SGB VI sind Personen versicherungsfrei, die

- eine geringfügige kurzzeitige Beschäftigung,
- eine geringfügige selbstständige Tätigkeit oder
- eine geringfügige nicht erwerbsmäßige Pflegetätigkeit ausüben. Die Versicherungsfreiheit erstreckt sich dann auf diese Beschäftigung, selbstständige Tätigkeit oder Pflegetätigkeit.

Im Gegensatz zum Recht der anderen Sozialversicherungszweige tritt in der Rentenversicherung Versicherungsfreiheit für geringfügig entlohnte Beschäftigte (450-Euro-Beschäftigte) nicht kraft Gesetzes ein. Hier ist ein Antrag des Versicherten auf Versicherungsfreiheit erforderlich (vgl. die nachfolgenden Ausführungen). In der Diskussion ist derzeit eine Anhebung der Geringfügigkeitsgrenze. Bis zur Drucklegung war hier noch nichts beschlossen.

§ 5 SGB VI verweist auf § 8 SGB IV. Hier wird der Begriff der geringfügigen Beschäftigung erläutert. Demnach liegt eine geringfügige Beschäftigung dann vor, wenn

→ das Arbeitsentgelt regelmäßig im Monat 450 Euro nicht übersteigt;

→ die Beschäftigung innerhalb eines Kalenderjahres auf längstens drei Monate oder 70 Arbeitstage ihrer Eigenart nach begrenzt zu sein pflegt oder im Voraus vertraglich begrenzt ist, es sei denn, dass die Beschäftigung berufsmäßig ausgeübt wird und ihr Entgelt 450 Euro im Monat übersteigt.

§ 8a SGB IV bestimmt, dass § 8 SGB IV auch dann gilt, wenn geringfügige Beschäftigungen ausschließlich im **Privathaushalt** ausgeübt werden. In § 8 SGB IV wird also zwischen der geringfügig entlohnten und der kurzzeitigen Beschäftigung **unterschieden**. Diese Unterscheidung ist schon deshalb von besonderer Bedeutung, weil die Arbeitgeber bei der geringfügig entlohnten Beschäftigung trotz Versicherungsfreiheit verpflichtet sind, pauschale Beiträge zu entrichten (vgl. dazu VII.). Bei der kurzzeitigen Beschäftigung besteht eine solche Verpflichtung nicht.

Bezüglich der kurzzeitig geringfügig Beschäftigten spricht § 8 SGB IV von Arbeitnehmern, deren Beschäftigungsverhältnis im Jahr auf zwei Monate oder 50 Arbeitstage begrenzt ist. Die Begrenzung kann nach Eigenart der

Beschäftigung bestehen, aber auch vertraglich festgelegt werden. Wie bisher liegt Geringfügigkeit dann nicht vor, wenn die Beschäftigung berufsmäßig ausgeübt wird und ihr Entgelt 450 Euro im Monat übersteigt.

Wird eine Beschäftigung regelmäßig ausgeübt, liegt keine Kurzzeitigkeit vor. Nach Auffassung der Teilnehmer an der Besprechung der Sozialversicherungsträger vom 16./17. 11. 1999[27] wird eine Beschäftigung dann regelmäßig in diesem Sinne ausgeübt, wenn sie von vornherein auf ständige Wiederholung gerichtet ist und über einen längeren Zeitraum ausgeübt werden soll. Das ist der Fall, wenn ein über ein Jahr hinausgehender **Rahmenarbeitsvertrag** geschlossen wird, und zwar auch dann, wenn dieser Vertrag maximal nur Arbeitseinsätze von (zurzeit) 70 Arbeitstagen innerhalb eines Jahres vorsieht.

Wird ein Rahmenarbeitsvertrag zunächst auf ein Jahr begrenzt und werden für dieses Jahr Arbeitseinsätze von maximal 70 Arbeitstagen vereinbart, bleibt der Arbeitnehmer zunächst als kurzfristig Beschäftigter versicherungsfrei. Sofern ein zunächst auf ein Jahr oder weniger befristeter Rahmenarbeitsvertrag mit Arbeitseinsätzen bis zu maximal 70 Arbeitstagen auf eine Dauer von über einem Jahr verlängert wird, liegt vom Zeitpunkt der Vereinbarung der Verlängerung an eine regelmäßige Beschäftigung vor.

Wenn ein Rahmenarbeitsvertrag zunächst auf ein Jahr begrenzt und im unmittelbaren Anschluss daran ein neuer Rahmenarbeitsvertrag abgeschlossen wird, ist vom Beginn des neuen Rahmenarbeitsvertrags an von einer regelmäßig ausgeübten Beschäftigung auszugehen, wenn zwischen den beiden Rahmenarbeitsverträgen nicht mindestens zwei Monate liegen.

Wenn Arbeitnehmer, ohne dass ein Rahmenarbeitsvertrag besteht, wiederholt von ein und demselben Arbeitgeber beschäftigt werden, liegt eine regelmäßige Beschäftigung so lange nicht vor, als vom voraussichtlichen Ende des jeweiligen Arbeitseinsatzes aus rückwirkend betrachtet, innerhalb des letzten Jahres die Zeitgrenze von 70 Arbeitstagen nicht überschritten wird.

→ Rentenversicherungspflicht für 450-Euro-Beschäftigte

Geringfügig entlohnte Beschäftigte (450-Euro-Kräfte) sind nicht automatisch rentenversicherungsfrei. Nach früherem Recht bestand Rentenversicherungsfreiheit, die Betroffenen konnten aber auf Antrag von der Versicherungsfreiheit befreit werden. Sie wurden dann versicherungspflichtig. Nun ist das Recht hier gewissermaßen umgekehrt. Nun entsteht Versicherungs-

27 WzS 2000 S. 17

pflicht in der Rentenversicherung. Der Arbeitnehmer kann aber die Versicherungsfreiheit beantragen (Wechsel von Opt-in zum Opt-out).

§ 6 Abs. 1b Sozialgesetzbuch Sechstes Buch (SGB VI) bestimmt nunmehr, dass der schriftliche Befreiungsantrag des Arbeitnehmers dem Arbeitgeber zu übergeben ist. Der Antrag kann bei mehreren geringfügigen Beschäftigungen nur einheitlich gestellt werden. Er ist für die Dauer der Beschäftigungen bindend.

Die Befreiung von der Versicherungspflicht ist nicht für Personen möglich, die

- im Rahmen betrieblicher Berufsausbildung,
- nach dem Jugendfreiwilligendienstgesetz (freiwilliges soziales oder freiwilliges ökologisches Jahr),
- nach dem Bundesfreiwilligendienstgesetz,
- als Mitglieder geistlicher Genossenschaften, Diakonissen und Angehörige ähnlicher Gemeinschaften während ihres Dienstes für die Gemeinschaft und während der Zeit ihrer allgemeinen Ausbildung beschäftigt sind oder
- von der Möglichkeit einer stufenweisen Wiederaufnahme einer nicht geringfügigen Tätigkeit Gebrauch machen.

Liegt der Antrag dem Arbeitgeber vor, hat dieser eine besondere Meldung vorzunehmen. Es handelt sich um die Meldung „bei Antrag des geringfügig Beschäftigten nach § 6 Abs. 1b des SGB VI auf Befreiung von der Versicherungspflicht“ (vgl. § 28a Abs. 1 Nr. 11 SGB IV).

Zu beachten ist hier, dass eine Zusammenrechnung mit einer nicht geringfügigen selbstständigen Tätigkeit nur erfolgt, wenn diese versicherungspflichtig ist.

Die Befreiung gilt als erteilt, wenn die für geringfügig Beschäftigte zuständige Einzugsstelle (Minijob-Zentrale) nicht innerhalb eines Monats nach Eingang der Meldung des Arbeitgebers dem Befreiungsantrag des Beschäftigten widerspricht. Ein solcher Widerspruch ist insbesondere dann denkbar, wenn der Betreffende bei mehreren Arbeitgebern beschäftigt ist und die Entgelte aus allen Beschäftigungen zusammengerechnet den Monatsbetrag von 450 Euro überschreiten.

Die Befreiung wirkt bei Vorliegen der Befreiungsvoraussetzungen nach Eingang der Meldung des Arbeitgebers rückwirkend vom Beginn des Monats an, in dem der Antrag des Beschäftigten dem Arbeitgeber zugegangen ist. Voraussetzung ist, dass der Arbeitgeber den Befreiungsantrag der Einzugsstelle mit der ersten folgenden Entgeltabrechnung, spätestens aber innerhalb von sechs Wochen gemeldet und die Einzugsstelle innerhalb eines Monats nach Eingang der Meldung nicht widersprochen hat. Erfolgt die Meldung des Arbeitgebers später, wirkt die Befreiung vom Beginn des auf den Ablauf der Widerspruchsfrist folgenden Monats an.

In den Fällen, in denen bei einer Mehrfachbeschäftigung die Befreiungsvoraussetzungen vorliegen, hat die Einzugsstelle die weiteren Arbeitgeber über den Zeitpunkt der Wirkung der Befreiung unverzüglich durch eine Meldung zu unterrichten.

Der Betrag von **450 Euro** (sog. Geringfügigkeitsgrenze) ist ein statischer Betrag, der sich also nicht jährlich verändert und der sowohl in den alten als auch in den neuen Bundesländern anwendbar ist. Für andere Zeiteinheiten ergeben sich aus diesem Betrag die nachfolgenden **Geringfügigkeitsgrenzen:**

Zeitraum	Euro
Kalendertag	15,00
Woche	105,00
2 Wochen	210,00
4 Wochen	420,00
5 Wochen	525,00

→ Übergangsvorschriften bei geringfügig Beschäftigten

Personen, die bereits vor Inkrafttreten des Neuregelungsgesetzes wegen Geringfügigkeit versicherungsfrei beschäftigt waren, bleiben in dieser Beschäftigung versicherungsfrei. Voraussetzung ist, dass die Bedingungen für eine geringfügige Beschäftigung nach „altem" Recht vorliegen (insbesondere: Entgelt bis nicht mehr als 450 Euro im Monat). Sie können durch schriftliche Erklärung gegenüber dem Arbeitgeber auf die Versicherungsfreiheit verzichten.

Der Verzicht kann nur mit Wirkung für die Zukunft und bei mehreren Beschäftigungen nur einheitlich erklärt werden. Er ist für die Dauer der Beschäftigungen bindend.

Im Falle des Verzichts auf die Versicherungsfreiheit haben die Arbeitnehmer die Differenz zwischen dem Pauschalbeitragssatz des Arbeitgebers (15 %) und dem tatsächlichen Beitragssatz der Rentenversicherung (18,6 %) selbst zu tragen. Die Geringfügigkeits-Richtlinien sind von den Spitzenverbänden der Sozialversicherungsträger überarbeitet worden. Die Neufassung datiert vom 26. Juli 2021.

Seit der letzten Fassung der Geringfügigkeits-Richtlinien vom 21. November 2018 ergeben sich insbesondere folgende Änderungen:

→ Erhöhung der Übungsleiter- und der Ehrenamtspauschale nach § 3 Nrn. 26 und 26a EStG von 2400 Euro bzw. 720 Euro auf 3000 Euro bzw. 840 Euro für die Zeit ab 1. Januar 2021 (Jahressteuergesetz 2020 vom 21. Dezember 2020, BGBl I S. 3096);

→ Klarstellung im Zusammenhang mit der Wirkung des Verzichts auf die Rentenversicherungsfreiheit bzw. der Wirkung der Befreiung von der Rentenversicherungspflicht bei Unterbrechung einer geringfügig entlohnten Beschäftigung wegen Bezugs einer Entgeltersatzleistung.

→ Berücksichtigung des BSG-Urteils vom 24. November 2020 (B 12 KR 34/19 R) zu den Zeitgrenzen bei einer kurzfristigen Beschäftigung von drei Monaten oder 70 Arbeitstagen, wonach die Anwendung der jeweiligen Zeitgrenze nicht vom wöchentlichen Beschäftigungsumfang abhängt.

→ Klarstellung zur Ermittlung der Anzahl der Kalendertage für den Zeitraum einer kurzfristigen Beschäftigung, der nicht ausschließlich aus vollen Monaten, sondern auch aus Teilmonaten besteht.

→ Aufnahme von Textfeldern zur Erläuterung der Berechnung der Kalendertage in den jeweiligen Beispielen mit Bezug zur kurzfristigen Beschäftigung.

Die Geringfügigkeits-Richtlinien wurden insbesondere unter Berücksichtigung der vorgenannten Änderungen überarbeitet und lösen die Geringfügigkeits-Richtlinien in der Fassung vom 21. November 2018 ab. Sie gelten ab 1. August 2021.

Speziell zu den bei geringfügig Beschäftigten in Privathaushalten zu beachtenden Besonderheiten nach dem Haushaltsscheck-Verfahren haben die Spitzenorganisationen der Sozialversicherung ein Gemeinsames Rundschreiben veröffentlicht.

Außerdem wird darauf hingewiesen, dass für den Zeitraum vom Inkrafttreten der Übergangsregelung nach § 132 SGB IV am 1. Juni 2021 bis 31. Oktober 2021 höhere Zeitgrenzen von vier Monaten bzw. 102 Arbeitstagen für die kurzfristige Beschäftigung gelten, die sich vorübergehend auch auf die Regelung des gelegentlichen unvorhersehbaren Überschreitens der Entgeltgrenze im Rahmen einer geringfügig entlohnten Beschäftigung auswirken. Für entsprechende Beschäftigungszeiträume bis 31. Oktober 2021 sind somit zusätzlich die ergänzenden Ausführungen in der Verlautbarung der Spitzenorganisationen der Sozialversicherung vom 31. Mai 2021 zur vorübergehenden Erhöhung der Zeitgrenzen für kurzfristige Beschäftigungen zu beachten.

→ Auswirkungen des Mindestlohngesetzes (MiLoG)

Das Tarifautonomiestärkungsgesetz vom 11.8.2014 (BGBl. I S.1348) hat als Art.1 das am 1.1.2015 in Kraft getretene MiLoG gebracht, das einen flächendeckenden Mindestlohn von ursprünglich brutto 8,50 Euro pro Stunde vorsah. Seit 1.1.2017 sind 8,84 Euro maßgebend. Es gibt zwar einige Ausnahmen und Übergangsregelungen, aber im Grundsatz gilt in ganz Deutschland dieser Mindestlohn. Er hat auch Auswirkungen auf geringfügig Beschäftigte. In vielen Fällen wird durch ihn bei gleichbleibender Arbeitszeit die Geringfügigkeitsgrenze von 450 Euro im Monat überschritten werden. Die Grenze wird bei Anwendung des Mindestlohnes überschritten, sobald im Monat mehr als 52,94 Stunden gearbeitet wird[28].

Das MiLoG wurde zuletzt durch Gesetz vom 10.07.2020 (BGBl. I S. 1657) geändert.

Vom 1.1.2022 bis 30.6.2022 beträgt der Mindestlohn 9,82 Euro und vom 1.7.2022 bis 31.12.2022 beträgt er 10,45 Euro.

2. Gesetzlich vorgesehene Versicherungsfreiheit in anderen Fällen

Nach § 5 Abs. 1 SGB VI sind verschiedene Personengruppen versicherungsfrei, die der Gesetzgeber nicht für schutzwürdig hält und sie deshalb von der Versicherungspflicht zur gesetzlichen Rentenversicherung ausnimmt. Es handelt sich dabei insbesondere um Beamte und Richter sowie um vergleichbar Beschäftigte.

Die Absätze 3 und 4 des § 5 SGB VI enthalten weitere Tatbestände der Versicherungsfreiheit. So sind (§ 5 Abs. 3 SGB VI) Personen versicherungsfrei, die während der Dauer eines Studiums als ordentliche Studierende einer Fachschule oder Hochschule ein Praktikum ableisten, das in ihrer Studienordnung oder Prüfungsordnung vorgeschrieben ist.

Nach § 5 Abs. 4 SGB VI sind versicherungsfrei Personen, die

1. nach Ablauf des Monats, in dem die Regelaltersgrenze erreicht wurde, eine Vollrente wegen Alters beziehen,
2. nach beamtenrechtlichen Vorschriften oder Grundsätzen oder entsprechenden kirchenrechtlichen Regelungen oder nach den Regelungen einer berufsständischen Versorgungseinrichtung eine Versorgung nach Errei-

28 Vgl. bezüglich der Einzelheiten zur geringfügigen Beschäftigung Band 178 der RdW-Schriftenreihe „Aushilfskräfte“ sowie die Richtlinien der Spitzenverbände der Sozialversicherungsträger für die versicherungsrechtliche Beurteilung von geringfügigen Beschäftigungen und geringfügigen selbstständigen Tätigkeiten

chen einer Altersgrenze beziehen oder die in der Gemeinschaft übliche Versorgung im Alter erhalten oder

3. bis zum Erreichen der Regelaltersgrenze nicht versichert waren oder nach Erreichen der Regelaltersgrenze eine Beitragserstattung aus ihrer Versicherung erhalten haben.

Vgl. zur Regelaltersgrenze Abschn. VII.3

Die Versicherungsfreiheit für die in § 5 Abs. 4 SGB VI aufgeführten Personen gilt nicht für Beschäftigte in einer Beschäftigung, in der sie durch eine schriftliche Erklärung gegenüber dem Arbeitgeber auf die Versicherungsfreiheit verzichten. Der Verzicht kann nur mit Wirkung für die Zukunft erklärt werden und ist für die Dauer der Beschäftigung bindend. Dies gilt entsprechend für selbstständig Tätige, die den Verzicht gegenüber dem zuständigen Rentenversicherungsträger erklären.

3. Befreiung von der Versicherungspflicht

Während es bei den in Abschn. 2 behandelten Tatbeständen des § 5 SGB VI um die Versicherungsfreiheit kraft Gesetzes geht, behandelt § 6 SGB VI die Möglichkeiten, sich von der Versicherungspflicht befreien zu lassen.

Nach § 6 Abs. 1 Nr. 1 SGB VI werden Beschäftigte und selbstständig Tätige auf ihren Antrag von der Versicherungspflicht zur Rentenversicherung befreit, wenn sie auf Grund einer durch Gesetz angeordneten oder auf Gesetz beruhenden Verpflichtung Mitglieder einer öffentlich-rechtlichen Versicherungs- oder Versorgungseinrichtung ihrer Berufsgruppe sind.

Gleichzeitig müssen sie kraft gesetzlicher Verpflichtung Mitglied einer berufsständischen Kammer sein.

Die Befreiung ist im Übrigen nur möglich, wenn

- → am jeweiligen Ort der Beschäftigung oder selbstständigen Tätigkeit für die Berufsgruppe bereits vor dem 1. 1. 1995 eine gesetzliche Verpflichtung zur Mitgliedschaft in der berufsständischen Kammer bestanden hat,
- → für sie nach näherer Maßgabe der Satzung einkommensbezogene Beiträge unter Berücksichtigung der Beitragsbemessungsgrenze (vgl. dazu die Ausführungen in Abschn. VII. 2.) zur berufsständischen Versorgungseinrichtung zu zahlen sind und
- → auf Grund dieser Beiträge Leistungen für den Fall verminderter Erwerbsfähigkeit und des Alters sowie für Hinterbliebene erbracht und angepasst werden, wobei auch die finanzielle Lage der berufsständischen Versorgungseinrichtung zu berücksichtigen ist.

Dabei sind die rechtlichen Verhältnisse am Ort der Beschäftigung oder selbstständigen Tätigkeit maßgebend. Hat daher in einem Bundesland für Angehörige einer Berufsgruppe vor dem 1.1.1995 eine Verpflichtung zur Mitgliedschaft in einer berufsständischen Kammer nicht bestanden, steht diesen Angehörigen das Recht auf Befreiung von der Versicherungspflicht nicht zu, wenn das die Kammerzugehörigkeit begründende (Landes-)Gesetz nach dem 31.12.1994 verkündet worden ist. Ein Befreiungsrecht steht darüber hinaus denjenigen Pflichtmitgliedern einer berufsständischen Kammer nicht zu, die auf Grund einer nach dem 31.12.1994 erfolgten Erweiterung des Mitgliederkreises Pflichtmitglied der berufsständischen Kammer geworden sind (z. B. Bauingenieure in Nordrhein-Westfalen und Bayern).

Personen, die nach den am 1.1.1995 geltenden kammerrechtlichen Regelungen ihrer Berufskammer nicht als Pflichtmitglied angehören konnten, bleibt das Befreiungsrecht erhalten, wenn die kammerrechtlichen Regelungen bis zum 30.6.1996 dahingehend erweitert wurden, dass auch für diese Personengruppe eine Pflichtverkammerung vorgesehen wird (§ 231 Abs. 3 SGB VI). Die Vorschrift bezieht sich im Ergebnis lediglich auf die im Angestelltenverhältnis tätigen Architekten in Hamburg und Niedersachsen, deren Zugehörigkeit zur Berufskammer auf freiwilliger Basis beruht.

Voraussetzung für die Befreiung ist auch, dass auf Grund der an die berufsständische Einrichtung gezahlten Beiträge Leistungen für den Fall verminderter Erwerbstätigkeit und des Alters sowie für Hinterbliebene erbracht und angepasst werden, wobei auch die finanzielle Lage der Versicherung oder Versorgungseinrichtung zu berücksichtigen ist.

Nach Auffassung des BSG im Urteil vom 25.10.1988[29] sind die Befreiungsvoraussetzungen u. a. dann erfüllt, wenn die Satzung des Versorgungswerkes generell für die Mitglieder die Entrichtung einkommensbezogener Beiträge vorsieht.

Die Vorschrift des § 6 Abs. 1 Satz 1 Nr. 1 SGB VI über die Befreiung wegen Mitgliedschaft zu einer berufsständischen Versicherungs- oder Versorgungseinrichtung gelten nicht in Zusammenhang mit selbstständig tätigen Handwerkern.

§ 6 Abs. 1 Satz 1 SGB VI enthält weitere Bestimmungen über die Befreiung von der Versicherungspflicht. Danach werden von der Versicherungspflicht befreit

→ Lehrer oder Erzieher, die an nichtöffentlichen Schulen oder Anstalten beschäftigt sind, wenn ihnen nach beamtenrechtlichen Grundsätzen oder entsprechenden kirchenrechtlichen Regelungen Anwartschaft auf

29 12 RK 58/87 (Die Beiträge 1989 S. 183)

Versorgung bei verminderter Erwerbsfähigkeit und im Alter sowie auf Hinterbliebenenversorgung gewährleistet und die Erfüllung der Gewährleistung gesichert ist,

→ nichtdeutsche Besatzungsmitglieder deutscher Seeschiffe, die ihren Wohnsitz oder gewöhnlichen Aufenthalt nicht im Geltungsbereich des SGB haben,

→ Gewerbetreibende in Handwerksbetrieben, wenn für sie mindestens 18 Jahre lang Pflichtbeiträge gezahlt worden sind, ausgenommen Bezirksschornsteinfegermeister.

Nach der Übergangsregelung des § 231 Abs. 1 Satz 2 Nr. 2 SGB VI bleiben Personen, die am 31. 12. 1991 als Handwerker von der Versicherungspflicht befreit waren, in jeder Beschäftigung oder Tätigkeit von der Versicherungspflicht befreit. Zu beachten ist hier auch § 231a SGB VI. Danach bleiben selbstständig Tätige, die am 31. 12. 1991 im Beitrittsgebiet auf Grund eines Versicherungsvertrages von der Versicherungspflicht befreit waren, in jeder Beschäftigung oder Tätigkeit von der Versicherungspflicht befreit. Sie konnten jedoch bis zum 21. 12. 1994 erklären, dass die Befreiung von der Versicherungspflicht enden sollte. Die Befreiung endete in einem solchen Falle mit Eingang des Antrags.

§ 6 Abs. 1a SGB VI beschäftigt sich mit Personen, die nach § 2 Satz 1 Nr. 9 SGB VI versicherungspflichtig sind. Es geht hier um so genannte **arbeitnehmerähnliche Selbstständigkeit**. Diese Personen werden von der Versicherungspflicht befreit

→ für einen Zeitraum von drei Jahren nach erstmaliger Aufnahme einer selbstständigen Tätigkeit, die die Merkmale des § 2 Satz 1 Nr. 9 SGB VI erfüllt,

→ nach Vollendung des 58. Lebensjahres, wenn sie nach einer zuvor ausgeübten selbstständigen Tätigkeit erstmals nach § 2 Satz 1 Nr. 9 SGB VI versicherungspflichtig werden.

Tritt nach Ende einer Versicherungspflicht nach § 2 Satz 1 Nr. 10 SGB VI (Bezug eines Existenzgründungszuschusses) Versicherungspflicht als arbeitnehmerähnlicher Selbstständiger ein, wird die Zeit, in der die Merkmale für die arbeitnehmerähnliche Selbstständigkeit vorgelegen haben, auf den dreijährigen Zeitraum nicht angerechnet.

Die Möglichkeit, sich für einen Zeitraum von drei Jahren von der Versicherungspflicht befreien zu lassen, gilt entsprechend für die Aufnahme einer zweiten selbstständigen Tätigkeit, die die Merkmale des § 2 Satz 1 Nr. 9 SGB VI erfüllt. Eine Aufnahme einer selbstständigen Tätigkeit liegt allerdings dann nicht vor, wenn eine bestehende selbstständige Existenz lediglich umbenannt oder deren Geschäftszweck gegenüber der vorangegangenen nicht wesentlich verändert worden ist.

Die Befreiung erfolgt bei Lehrern und Erziehern sowie bei nichtdeutschen Besatzungsmitgliedern auf Antrag des Arbeitgebers, im Übrigen aber auf Antrag des Versicherten (Arbeitnehmers) – § 6 Abs. 2 SGB VI.

In § 6 Abs. 1b SGB VI geht es um die Versicherungsfreiheit auf Antrag für geringfügig entlohnte Personen.

Nach § 6 Abs. 3 SGB VI entscheidet der Träger der Rentenversicherung über die Befreiung. Voraussetzung ist allerdings, dass für Mitglieder berufsständischer Versicherungs- und Versorgungseinrichtungen die für diese zuständige oberste Verwaltungsbehörde das Vorliegen der Voraussetzungen bestätigt hat. Bei den oben angeführten Lehrern und Erziehern ist Voraussetzung, dass die oberste Verwaltungsbehörde des Landes, in dem der Arbeitgeber seinen Sitz hat, das Vorliegen der Voraussetzungen bestätigt hat.

Die Befreiung wirkt in allen behandelten Fällen vom Vorliegen der Befreiungsvoraussetzungen an, wenn sie innerhalb von drei Monaten beantragt wird, sonst vom Eingang des Antrags an (§ 6 Abs. 4 SGB VI).

Die Befreiung ist gem. § 6 Abs. 5 SGB VI auf die jeweilige Beschäftigung oder selbstständige Tätigkeit beschränkt. Sie erstreckt sich aber in Zusammenhang mit der Mitgliedschaft bei berufsständischen Versicherungs- und Versorgungseinrichtungen sowie bei Lehrern und Erziehern auch auf eine andere versicherungspflichtige Tätigkeit. Voraussetzung ist, dass diese infolge ihrer Eigenart oder vertraglich im Voraus zeitlich begrenzt ist und der Versorgungsträger für die Zeit der Tätigkeit den Erwerb einkommensbezogener Versorgungsanwartschaften gewährleistet.

IV. Freiwillige Versicherung

Das Recht der freiwilligen Rentenversicherung ist in § 7 SGB VI geregelt. Nach Absatz 1 dieser Vorschrift können sich Personen, die nicht versicherungspflichtig sind, für Zeiten von der Vollendung des 16. Lebensjahres an freiwillig versichern. Dies gilt auch für Deutsche, die ihren gewöhnlichen Aufenthalt in Ausland haben.

Ein türkischer Staatsangehöriger hat nach Verlassen der Bundesrepublik und Wohnsitznahme in der Türkei kein Recht, sich in Deutschland freiwillig rentenzuversichern[30]. Das deutsch-türkische Sozialversicherungsabkommen sieht ein solches Recht nicht vor.

Nach bindender Bewilligung einer Vollrente wegen Alters oder für Zeiten des Bezugs einer solchen Rente ist eine freiwillige Versicherung nicht zulässig (§ 7 Abs. 2 SGB VI), wenn der Monat abgelaufen ist, in dem die Regelaltersgrenze erreicht wurde. **Zuständig** für die Durchführung der freiwilligen Versicherung sind in der allgemeinen Rentenversicherung

- die Regionalträger,
- die Deutsche Rentenversicherung Bund und
- die Deutsche Rentenversicherung Knappschaft-Bahn-See

(§ 126 SGB VI; vgl. dazu auch die Ausführungen in Abschn. IX. 1.).

§ 232 SGB VI enthält Übergangsvorschriften für freiwillig Versicherte. Zunächst wird hier (in Abs. 1) bestimmt, dass Personen, die nicht versicherungspflichtig sind und vor dem 1. 1. 1992 vom Recht der Selbstversicherung, der Weiterversicherung (hier handelt es sich um früher verwendete Begriffe) oder der freiwilligen Versicherung Gebrauch gemacht haben, sich weiterhin freiwillig versichern können. Das gilt für Personen, die von dem Recht der Selbstversicherung oder Weiterversicherung Gebrauch gemacht haben, auch dann, wenn sie nicht Deutsche sind und ihren gewöhnlichen Aufenthalt im Ausland haben,

In Zusammenhang mit der freiwilligen Versicherung und den hier bestehenden Hinweispflichten des Rentenversicherungsträgers hat das BSG am 6. 5. 1992[31] ein interessantes Urteil gefällt. Danach musste ein Rentenversicherungsträger, der entgegen der Anmeldung des Versicherten zur bargeldlosen Entrichtung seiner freiwilligen Beiträge (vgl. dazu Abschn. VII. 3.) seit 1977 statt zwölf nur sechs Monate jährlich als mit Beiträgen belegt verbucht

30 Urteile des BSG vom 23. 3. 1994 (5 RJ 38/93; Die Beiträge 1994 S. 510) und vom 27. 1. 1994 (RJ 76/92; Die Beiträge 1995 S. 598)

31 Urteil des BSG vom 6. 5. 1992 (12 RK 45/91, Die Beiträge 1993 S. 231)

hat, den Versicherten auch dann rechtzeitig und eindeutig darauf hinweisen, dass zur Erhaltung der Anwartschaft auf Renten wegen Erwerbsminderung ab 1984 alle Monate des Jahres mit Beiträgen zu belegen sind, wenn er den Versicherten jährlich über die tatsächliche Verbuchung unterrichtet und dieser dann keine Einwände erhoben hat.

V. Beginn und Ende der Versicherungspflicht

Das SGB VI enthält keine besonderen Vorschriften über den Beginn und das Ende der Versicherungspflicht, wenn von den Bestimmungen des § 4 Abs. 4 SGB VI (Versicherungspflicht auf Antrag; vgl. dazu die Ausführungen in Abschn. I. 4.) abgesehen wird. Im Übrigen beginnt die Versicherungspflicht mit dem Zeitpunkt, an dem die Voraussetzung für ihr Bestehen erfüllt sind. Bei Arbeitnehmern

- beginnt die Versicherungspflicht mit dem Tag der Aufnahme der Beschäftigung und
- endet mit dem Ende dieser Beschäftigung.

Nach Auffassung des BSG im Urteil vom 28. 2. 1967[32] liegt ein „Beginn der Beschäftigung" in diesem Sinne auch dann vor, wenn sich der Arbeitnehmer der Weisungsbefugnis des Arbeitsgebers unterstellt und damit Betriebsangehöriger wird. Das bedeutet, dass dann, wenn der Arbeitnehmer durch einen Unfall auf dem (ersten) Weg zur neuen Arbeitsstelle gehindert ist, die Beschäftigung tatsächlich aufzunehmen, trotzdem Versicherungspflicht besteht. Nach Ansicht des Landessozialgerichts Bayern (LSG) in seiner rechtskräftigen Entscheidung vom 4. 8. 1976[33] gilt dies auch dann, wenn der Arbeitnehmer am ersten Arbeitstag vor der vorgesehenen eigentlichen Arbeitsaufnahme mit dem Auto auf einer Privatfahrt, die in keinem Zusammenhang mit der vorgesehenen Beschäftigung steht, verunglückt.

In seiner Entscheidung vom 22. 11. 1968[34] ist das BSG sogar noch einen Schritt weitergegangen. Es ging hier um eine Gastarbeitnehmerin, die vier Tage vor der geplanten Arbeitsaufnahme verunglückte. Vorher hatte sie, allerdings erst einige Zeit nach ihrer Ankunft am Beschäftigungsort, aber noch vor dem Unfall, ihre Arbeitspapiere bei ihrem (zukünftigen) Arbeitgeber abgegeben. Nach ihrer Ankunft war sie in einer Werkswohnung untergebracht worden und erhielt die Verpflegung aus der Werksküche. Die Kosten der Unterbringung und der Verpflegung gingen zu Lasten des (zukünftigen) Arbeitgebers. Das BSG hat das Bestehen einer Versicherungspflicht anerkannt. In der Begründung wurde auf die Abgabe der Arbeitspapiere abgehoben.

Wie bereits erwähnt, endet die Versicherungspflicht von Arbeitnehmern mit dem Ende der Beschäftigung. Sie endet natürlich auch mit dem Tode.

---

32 3 RK 17/65 (Die Beiträge 1967 S. 285)

33 4 Kr 33/75 (Die Beiträge 1978 S. 49)

34 3 RK 9/67 (WzS 1969 S. 179)

In seinem Beschluss vom 3.5.1979[35] hat das BSG festgestellt, dass es dann, wenn der Arbeitgeber das Arbeitsverhältnis **kündigt**, an dem für den Fortbestand des versicherungsrechtlichen Beschäftigungsverhältnisses erforderlichen Verfügungswillen des Arbeitgebers fehlt. Das versicherungspflichtige Beschäftigungsverhältnis endet dann mit dem vom Arbeitgeber ausgesprochenen Kündigungstermin. Das gilt auch dann, wenn das Ende des Arbeitsverhältnisses durch Arbeitsgerichtsurteil nachträglich auf einen Zeitpunkt nach dem letzten Arbeitstag festgelegt und dem Arbeitnehmer für die Zeit nach Beendigung der tatsächlichen Arbeitsleistung noch eine Vergütung zugesprochen wird. Zum gleichen Ergebnis kam das BSG in seinem Urteil vom 4.9.1979[36]. Hierzu haben allerdings die Spitzenverbände der Sozialversicherungsträger die Auffassung vertreten, dass in solchen Fällen das versicherungsrechtliche Beschäftigungsverhältnis **fortbesteht**[37]. Das gilt auch dann, wenn der Arbeitnehmer für die Zeit nach Beendigung der tatsächlichen Arbeitsleistung nicht die vereinbarte Vergütung, sondern nur einen bestimmten Teilbetrag erhält. Das Arbeitsentgelt ist in derartigen Fällen gleichmäßig auf die Zeit zwischen der tatsächlichen Beendigung der Arbeitsleistung und dem durch Urteil oder Vergleich festgesetzten Ende des Arbeitsverhältnisses aufzuteilen. Wird der Zeitpunkt der Beendigung des Arbeitsverhältnisses dagegen in dem Urteil oder Vergleich nicht festgelegt, so endet die Versicherungspflicht mit dem letzten Arbeitstag. Im Urteil vom 25.9.1981[38] hat das BSG festgestellt, dass dann, wenn im Rahmen eines Kündigungsschutzprozesses das Ende des Arbeitsverhältnisses (mit entsprechender Entgeltzahlung) durch arbeitsgerichtlichen Vergleich auf einen Zeitpunkt nach dem letzten Arbeitstag festgelegt wird, das versicherungspflichtige Beschäftigungsverhältnis jedenfalls so lange erhalten bleibt, wie der Arbeitnehmer seine Bereitwilligkeit zur Arbeitsleistung zu erkennen gegeben hat.

Allgemein wird heute in der Praxis davon ausgegangen, dass in solchen Fällen die Versicherungspflicht weiter besteht.

Mit Urteil vom 28.9.1993[39] stellte das BSG fest, dass der **Verzicht des Arbeitgebers** auf seine **„Verfügungsmacht“** ein Beschäftigungsverhältnis beendet.

35 7 BH 8/78 (USK 79265)

36 7 RAr 51/51 (USK 79268)

37 Vgl. insbesondere das Ergebnis der Besprechung der Spitzenorganisationen der Sozialversicherungsträger vom 3. – 5.11.1980 (WzS 1981 S. 106).

38 12 RK 58/80 (USK 81268)

39 11 RAr 69/92 (DOK 1993 S. 747)

Die Erklärung des Arbeitgebers, auf die „Verfügungsmacht" nicht verzichten zu wollen, spricht zwar gegen das Ende eines Beschäftigungsverhältnisses, schließt das Ende aber dann nicht aus, wenn die Verfügungsmacht tatsächlich nicht wahrgenommen wird oder werden kann[40].

Hält sich der Arbeitnehmer weiterhin **dienstbereit** und besteht der Arbeitsvertrag und der sich daraus ergebende Anspruch auf das vertragsmäßige Entgelt weiter, so bleibt nach dem Urteil des BSG vom 25.9.1981[41] auch die Versicherungspflicht bestehen. Das BSG stellte fest, dass in solchen Fällen das versicherungspflichtige Beschäftigungsverhältnis über das Ende der tatsächlichen Beschäftigung hinaus bis zur rechtlichen Beendigung des Arbeitsverhältnisses fortbesteht. Das BSG hob im Urteil vom 25.9.1981 im Übrigen u.a. auch hervor, dass wegen der ausschließlichen Zuständigkeit der Arbeitsgerichte für Kündigungsklagen die Wirksamkeit des zur Beendigung eines Kündigungsschutzprozesses geschlossenen Vergleichs nicht von Sozialgerichten überprüft und als Vorfrage entschieden werden kann. Ein Streit über die Wirksamkeit eines Vergleichs ist grundsätzlich von der Gerichtsbarkeit zu entscheiden, vor der der Vergleich geschlossen wurde. Darüber hinaus haben die Sozialgerichte nach Ansicht des BSG stets zu überprüfen, ob Abreden in einem arbeitsgerichtlichen Vergleich etwa wegen Verstoßes gegen zwingendes Sozialversicherungsrecht nichtig sind.

Das BSG hat in zwei Urteilen[42] festgestellt, dass auch bei Freistellung von der Arbeitsleistung Versicherungspflicht gegeben sein kann. Es wurde hier zum Ausdruck gebracht, dass der Vollzug des Beschäftigungsverhältnisses nicht allein bei tatsächlicher Erbringung der vertraglich geschuldeten Arbeitsleistung vorliegt.

40 Vgl. dazu auch das Urteil des BSG vom 9.9.1993 (7 RAr 96/92; Die Beiträge 1994 S.232)

41 12 RK 58/80 (Die Beiträge 1982 S.212)

42 BSG, Urteile vom 24.9.2008 (B 12 KR 27/07 R; Die Beiträge 2008 – Beil. – S.326 und B 12 KR 22/07 R; Die Beiträge 2008 – Beil. – S.327)

VI. Meldewesen

1. Die Meldepflichten der Arbeitgeber

Die Meldepflichten des Arbeitgebers sind in der Datenerfassungs- und Übermittlungsverordnung (DEÜV) in der Fassung vom 26.05.2021[43] geregelt. Rechtsgrundlage für den Erlass dieser Verordnung ist § 28c SGB IV.

Die Bestimmungen gelten für alle Sozialversicherungszweige, also auch für die GRV.

Die Arbeitgeber sind seit verpflichtet, Meldungen durch gesicherte und verschlüsselte Datenübertragung aus systemgeprüften Programmen oder mittels maschinell erstellter Ausfüllhilfen zu erstatten (§ 28a Abs. 1 SGB IV).

Nach § 17 DEÜV sind die Daten im eXTra-Standard durch https zu übertragen. Die gültige Version ist in den Gemeinsamen Grundsätzen nach § 95 SGB IV festgelegt. Eine Beschreibung des eXTra-Standards ist für jeden zugänglich und kostenfrei bei der Deutschen Rentenversicherung Bund abrufbar. Für den Einsatz von https sind die Anforderungen in den Technischen Richtlinien des Bundesamtes für Sicherheit in der Informationstechnik zu berücksichtigen.

Abweichend hiervon hat die Zulassungsstelle im Zulassungsbescheid Ausnahmen zu gestatten, wenn allgemein gebräuchliche Datenübertragungstechniken verwendet werden, die die gleiche Datensicherheit gewährleisten und die Weiterverarbeitung durch die Annahmestelle wirtschaftlich zumutbar ist.

Die §§ 18 bis 22 DEÜV beschäftigen sich mit der so genannten Systemprüfung. § 22 DEÜV bestimmt, dass Einzelheiten der **Systemprüfung**, insbesondere die Beteiligung der betroffenen Sozialversicherungsträger, die Zulassungsvoraussetzungen, die Übernahme, Prüfung und Korrektur von Daten und das Verfahren zur Weiterleitung der Daten durch die Spitzenverbände der Sozialversicherungsträger einvernehmlich in Gemeinsamen Grundsätzen geregelt werden. Die Bundesvereinigung der Deutschen Arbeitgeberverbände ist anzuhören. Es sind hier die Gemeinsamen Grundsätze vom 04.03.2021 für die Systemprüfung nach § 22 Datenerfassungs- und -übermittlungsverordnung (DEÜV) in der vom 01.01.2022 an geltenden Fassung anzuwenden.

Für die Übermittlung und den Abruf von Sozialdaten aus zertifizierten Programmen und Ausfüllhilfen an die Sozialversicherungsträger legen die Spitzenorganisationen der Sozialversicherung mit diesen Gemeinsamen

43 BGBl. I S. 1170 – mit Änderungen

Grundsätzen das Nähere zur Systemuntersuchung sowie zur Übermittlung und Weiterleitung von Daten innerhalb der Sozialversicherung fest. Diese Regelungen gelten auch für das Meldeverfahren mit den berufsständischen Versorgungseinrichtungen.

Die Sozialversicherung für Landwirtschaft, Forsten und Gartenbau, die für die landwirtschaftliche Sozialversicherung besondere Aufgaben nach dem Zweiten Gesetz über die Krankenversicherung der Landwirte (KVLG 1989), dem Gesetz über die Alterssicherung der Landwirte wahrnimmt, und die Arbeitsgemeinschaft berufsständischer Versorgungseinrichtungen haben an diesen Grundsätzen mitgewirkt.

Die Meldungen sind für rentenversicherungspflichtige Arbeitnehmer bei der Krankenkasse, die der Arbeitnehmer gewählt hat, zu erstatten[44].

Auch **geringfügig Beschäftigte** müssen gemeldet werden.

Der Beginn einer versicherungspflichtigen Beschäftigung ist mit der ersten, dem Beschäftigungsbeginn folgenden Lohn- und Gehaltsabrechnung, spätestens innerhalb von sechs Wochen nach ihrem Beginn, zu melden.

In bestimmten Wirtschaftsbereichen oder Wirtschaftszweigen sind **Sofortmeldungen** zu erstatten. Dies hat spätestens bei Beschäftigungsaufnahme an die Datenstelle der Rentenversicherungsträger zu erfolgen. Es handelt sich hier um folgende Wirtschaftsbereiche oder Wirtschaftszweige: im Baugewerbe, im Gaststätten- und Beherbergungsgewerbe, im Personenbeförderungsgewerbe, im Speditions-, Transport- und damit verbundenen Logistikgewerbe, im Schaustellergewerbe, bei Unternehmen der Forstwirtschaft, im Gebäudereinigungsgewerbe, bei Unternehmen, die sich am Auf- und Abbau von Messen und Ausstellungen beteiligen, in der Fleischwirtschaft.

Das Ende einer versicherungspflichtigen Beschäftigung ist nach § 8 Abs. 1 DEÜV mit der nächsten folgenden Lohn- und Gehaltsabrechnung, spätestens innerhalb von sechs Wochen nach ihrem Ende, zu melden,

Eine An- und eine Abmeldung können innerhalb der Anmeldefrist zusammen erstattet werden, wenn bis zur Abmeldung noch keine Anmeldung erfolgt ist (§ 8 Abs. 2 DEÜV). Bei einer Änderung des Arbeitsentgeltes in Zusammenhang mit einer geringfügig entlohnten Beschäftigung sind eine An- und eine Abmeldung innerhalb der Anmeldefrist zu erstatten (§ 8 Abs. 3a DEÜV).

Bei Eintritt eines **Insolvenzereignisses** ist eine besondere Meldung zu erstatten (§ 8a DEÜV). Wird eine versicherungspflichtige Beschäftigung

44 Vgl. dazu Band 223 RdW-Schriftenreihe „Die Gesetzliche Krankenversicherung“

durch Wegfall des Anspruchs auf Arbeitsentgelt für mindestens einen Kalendermonat unterbrochen und wird z. B. eine Sozialleistung bezogen, ist eine **Unterbrechungsmeldung** vorzunehmen (§ 9 DEÜV).

§ 10 DEÜV sieht die **Jahresmeldung** vor, die bis zum 15.2. des auf die Beschäftigung folgenden Kalendermonats zu erstatten ist. Das Arbeitsentgelt ist allerdings nur insoweit zu melden, als es nicht schon gemeldet wurde.

In § 11 DEÜV geht es um die Meldung von einmalig gezahltem Arbeitsentgelt, während in § 11a DEÜV Meldungen von Arbeitsentgelt bei flexiblen Arbeitszeitregelungen vorgesehen sind.

Nach § 11b DEÜV hat der Arbeitgeber auf Anforderung der Einzugsstelle mit der ersten folgenden Lohn- und Gehaltszahlung, spätestens innerhalb von sechs Wochen nach Anforderung, Arbeitsentgelt für Arbeitnehmer zu melden, die außer bei ihm noch bei einem oder mehreren Arbeitgebern beschäftigt sind (vgl. dazu auch § 28a Abs. 1 Satz 1 Nr. 10 SGB IV).

Sonstige Meldungen (z. B. bei Änderung der Beitragsgruppe oder des Personengruppenschlüssels) sind nach näherer Vorschrift des § 12 DEÜV vorzunehmen.

Auf den Meldungen müssen zahlreiche Schlüsselzahlen angegeben werden. So ist der Grund der Abgabe zu verschlüsseln. Beispielsweise ist bei der Anmeldung wegen des Beginns einer Beschäftigung „10“ anzugeben. Erfolgt eine Abmeldung wegen Ende einer Beschäftigung, ist „30“ anzugeben.

Die Beitragsgruppen sollen Aufschluss über die Versicherungszweige geben, zu denen Versicherungspflicht besteht. Sie müssen so verschlüsselt werden, dass für jeden Beschäftigten in der Reihenfolge

- Krankenversicherung
- Rentenversicherung
- Arbeitslosenversicherung
- Pflegeversicherung

die jeweils zutreffende Ziffer anzugeben ist.

In Bezug auf die Rentenversicherung sind anzugeben:

- 0 kein Beitrag
- 1 voller Beitrag
- 3 halber Beitrag
- 5 Pauschalbeitrag für geringfügig entlohnte Beschäftigte.

„Kein Beitrag“ ist für Personen zu bezahlen, die nicht der Rentenversicherungspflicht unterliegen, für die aber auch der Arbeitgeberanteil nicht zu entrichten ist.

In Zusammenhang mit dem Meldewesen sind auch die monatlich von den Arbeitgebern an die Krankenkassen zu erstattenden Beitragsnachweise zu beachten. Hier sind die Beitragsgruppen verschlüsselt anzugeben. Im Einzelnen handelt es sich um folgende Rubriken (soweit die GRV berührt wird):

– Rentenversicherung (voller Beitrag) 010
– Rentenversicherung (halber Beitrag) 030

Auch Beitragsnachweise sind maschinell zu erstatten.

→ Entgeltbescheinigung

Nach § 107 Abs. 1 SGB IV haben die Arbeitgeber eine besondere Bescheinigung auf maschinellem Weg an die Krankenkasse zu übermitteln. Es handelt sich dabei um eine reine Verdienstbescheinigung zur Berechnung von Krankengeld, Verletztengeld, Übergangsgeld, Pflegeunterstützungsgeld und Mutterschaftsgeld. Der Arbeitgeber hat solche Meldungen seit 1. 1. 2016 nur zu erstatten, wenn ein Leistungsträger sie elektronisch durch Datenübertragung erfordert.

→ Mitglied einer berufsständischen Versorgungseinrichtung

Der Arbeitgeber hat für Beschäftigte, die von der Versicherungspflicht in der gesetzlichen Rentenversicherung befreit und Mitglied einer berufsständischen Versorgungseinrichtung sind, der Annahmestelle der berufsständischen Versorgungseinrichtungen monatliche Meldungen zur Beitragserhebung zu erstatten (§ 28a Abs. 11 SGB IV). Diese Meldungen enthalten für den Beschäftigten

1. die Mitgliedsnummer bei der Versorgungseinrichtung oder, wenn die Mitgliedsnummer nicht bekannt ist, die Personalnummer beim Arbeitgeber, den Familien- und Vornamen, das Geschlecht und das Geburtsdatum,
2. den Zeitraum, für den das Arbeitsentgelt gezahlt wird,
3. das beitragspflichtige ungekürzte laufende Arbeitsentgelt für den Zahlungszeitraum,
4. das beitragspflichtige ungekürzte einmalig gezahlte Arbeitsentgelt im Monat der Abrechnung,
5. die Anzahl der Sozialversicherungstage im Zahlungszeitraum,

6. den Beitrag, der bei Firmenzahlern für das Arbeitsentgelt anfällt,
7. die Betriebsnummer der Versorgungseinrichtung,
8. die Betriebsnummer des Beschäftigungsbetriebes,
9. den Arbeitgeber,
10. den Ort der Betriebsstätte,
11. den Monat der Abrechnung.

→ Rentenantragsteller

Nach § 194 Abs. 1 SGB VI haben Arbeitgeber auf Verlangen des Rentenantragstellers die beitragspflichtigen Einnahmen für abgelaufene Zeiträume frühestens drei Monate vor Rentenbeginn gesondert zu melden. Dies gilt entsprechend bei einem Auskunftsersuchen des Familiengerichts im Versorgungsausgleichsverfahren.

Die Aufforderung zur Meldung erfolgt elektronisch durch den Rentenversicherungsträger. Das gilt allerdings nicht für Einzelfälle, in denen ein elektronisches Meldeverfahren nicht wirtschaftlich durchzuführen ist. Die Ausnahmen bestimmt die Deutsche Rentenversicherung Bund in Grundsätzen. Diese bedürfen der Genehmigung des Bundesministeriums für Arbeit und Soziales. Hier sind die Gemeinsamen Grundsätze zum maschinell unterstützten Meldeverfahren zur Krankenversicherung der Rentner und zur Pflegeversicherung vom 24.06.2021 zu beachten. Erfolgt eine Meldung nach den vorstehenden Ausführungen, errechnet der Rentenversicherungsträger bei Anträgen auf Altersrente die voraussichtlichen beitragspflichtigen Einnahmen für den verbleibenden Beschäftigungszeitraum bis zum Rentenbeginn. Die Errechnung erfolgt für bis zu drei Monate nach den in den letzten zwölf Kalendermonaten gemeldeten beitragspflichtigen Einnahmen.

Eine Meldung nach § 194 SGB VI ist mit der nächsten Lohn- und Gehaltsabrechnung zu erstatten (§ 12 Abs. 5 DEÜV). Ist zu diesem Zeitpunkt eine Jahresmeldung noch nicht erfolgt, ist diese zum gleichen Zeitpunkt zu erstatten. Eine gesonderte Meldung ist gem. § 194 Abs. 2 SGB VI auch durch die Leistungsträger zu erstatten. Zu melden sind die beitragspflichtigen Einnahmen von Beziehern von Sozialleistungen. Außerdem haben die Pflegekassen sowie die privaten Versicherungsunternehmen solche Meldungen über die beitragspflichtigen Einnahmen nicht erwerbsmäßig tätiger Pflegepersonen zu erstatten. In allen Fällen bleiben sonstige Meldepflichten unberücksichtigt. Die Beitragsberechnung erfolgt im Übrigen nach der tatsächlichen beitragspflichtigen Einnahme (§ 194 Abs. 3 SGB VI).

Es stellt sich die Frage, welcher der beiden meldepflichtigen Tatbestände (Krankenkassenwechsel oder Gesonderte Meldung) Vorrang hat oder ob beide Entgeltmeldungen parallel zu erstatten sind.

Die Besprechungsteilnehmer stellten klar, dass entsprechend § 194 Abs. 1 Satz 7 SGB IV, wonach die weitere Meldepflicht nach § 28a SGB IV unberührt bleibt, und gemäß § 5 Abs. 3 Satz 2 DEÜV, wonach für gemeldete Zeiträume grundsätzlich keine weiteren Meldungen erstattet werden dürfen, soweit die DEÜV nichts anderes zulässt, Entgeltmeldungen aufgrund anderer meldepflichtiger Tatbestände einer Gesonderten Meldung (Abgabegrund 57) grundsätzlich vorgehen. Einzige Ausnahme stellt die Jahresmeldung (Abgabegrund 50) dar. Eine Jahresmeldung braucht dann nicht mehr erstattet zu werden, wenn für denselben Meldezeitraum bereits eine Gesonderte Meldung erstattet wurde. Wurde dagegen die Jahresmeldung bereits erstattet, erübrigt sich für denselben Zeitraum die Einreichung einer Gesonderten Meldung.

Beispiel 1:

- Antrag auf Rente wegen verminderter Erwerbsfähigkeit am 8.7.
- Mitgliedschaft bei Krankenkasse A bis 31.8.
- Mitgliedschaft bei Krankenkasse B ab 1.9.
- Ablehnung des Rentenantrags mit Bescheid vom 9.10.

Sowohl der Krankenkasse A als auch der Krankenkasse B ist eine Meldung über den Ausgang des Rentenantragsverfahrens zu erstatten, weil der Krankenkassenwechsel nach dem Zeitpunkt der Rentenantragstellung stattgefunden hat.

Beispiel 2:

- Antrag auf Rente wegen verminderter Erwerbsfähigkeit am 8.7.
- Mitgliedschaft bei Krankenkasse A bis 30.6.
- Mitgliedschaft bei Krankenkasse B ab 1.7.
- Bewilligung der Rente wegen voller Erwerbsminderung mit Bescheid vom 9.10. für die Zeit ab 1.6.

Beiden Krankenkassen ist eine Meldung über die Bewilligung der Rente zu erstatten, da der Krankenkassenwechsel in der Zeit nach Rentenbeginn stattgefunden hat. Für die Krankenkasse A gilt dies unabhängig davon, dass sie bislang am Rentenantragsverfahren noch nicht beteiligt war. Die jeweilige Meldung bezieht sich für Krankenkasse A auf den Zeitraum vom 1.6. bis 30.6. – Krankenkasse B auf den Zeitraum ab 1.7.

Beispiel 3:

- Antrag auf Rente wegen verminderter Erwerbsfähigkeit am 8.7.
- Mitgliedschaft bei Krankenkasse A bis 31.12.
- beantragte Mitgliedschaft bei Krankenkasse B ab 1.1. des Folgejahres
- Meldung des Krankenkassenwechsels durch Krankenkasse B am 10.9.
- Ablehnung des Rentenantrags am 6.9.
- Widerspruch des Rentenempfängers am 30.9.
- Zurückweisung des Widerspruchs durch Rentenversicherungsträger am 29.10.

Zunächst ist nur gegenüber der Krankenkasse A als aktuell zuständiger Krankenkasse eine Meldung über die Ablehnung des Rentenantrages abzugeben. Die Meldung über Beginn und Ende des Widerspruchsverfahrens ist dann neben der Krankenkasse A auch der zukünftig zuständigen Krankenkasse B zu übermitteln, da die Meldung über den Krankenkassenwechsel dem Rentenversicherungsträger bereits vorliegt.

In dem vorstehenden Beispiel hat dementsprechend die Entgeltmeldung aufgrund des Krankenkassenwechsels (Abgabegrund 31) Vorrang vor der Gesonderten Meldung (Abgabegrund 57).

Wurde bereits eine Gesonderte Meldung erstattet und stellt sich erst nach deren Abgabe heraus, dass eine zeitliche Überschneidung mit einer Meldung aufgrund eines anderen meldepflichtigen Tatbestandes vorliegt, ist die Gesonderte Meldung (Abgabegrund 57) zu stornieren und stattdessen eine vorrangige Entgeltmeldung (Abgabegründe 30 bis 36, 40, 49, 51 bis 56 und 70 bis 72) abzugeben sowie – sofern die Meldezeiträume nicht identisch sind – die Gesonderte Meldung mit berichtigtem Meldezeitraum erneut zu erstatten.

2. Meldepflichten sonstiger Personen und Institutionen

Mit dem Meldewesen in der GRV beschäftigen sich die §§ 190 bis 195 SGB VI. In § 190 SGB VI wird bestimmt, dass versicherungspflichtig **Beschäftigte** nach den Vorschriften über die Meldepflichten der Arbeitgeber zu melden sind (vgl. S. 49 ff.). Das gilt auch für Hausgewerbetreibende.

Um die Meldepflichten von versicherungspflichtigen **selbstständig Tätigen** geht es in § 190a SGB V, und mit den Meldepflichten bei **sonstigen versicherungspflichtigen Personen** beschäftigt sich § 191 SGB VI (z. B. für Entwicklungshelfer).

Mit der **Meldung von sonstigen rechtserheblichen Zeiten** beschäftigt sich § 193 SGB VI. Danach sind Anrechnungszeiten sowie Zeiten, die für die Anerkennung von Anrechnungszeiten erheblich sein können, durch die zuständige Krankenkasse, die Deutsche Rentenversicherung Knappschaft-Bahn-See, durch besonders zugelassene kommunale Träger oder durch die

Bundesagentur für Arbeit (BA) zu melden. Einzelheiten ergeben sich hier beispielsweise aus § 39 DEÜV. Danach melden die Krankenkassen dem zuständigen Rentenversicherungsträger Anrechnungszeiten (insbesondere Zeiten des Krankengeldbezuges) und Zeiten des Schulbesuchs. In Absatz 2 des § 39 DEÜV wird bestimmt, dass die BA dem zuständigen Rentenversicherungsträger Zeiten der Arbeitslosigkeit sowie Sperrzeiten (also Zeiten, in denen Leistungen einer Agentur für Arbeit trotz Bestehens von Arbeitslosigkeit versagt wurden) meldet.

Der Versicherte kann bei dem zuständigen Rentenversicherungsträger die Vormerkung einer Anrechnungszeit beantragen, wenn er nicht Mitglied einer Krankenkasse ist oder es sich um Zeiten eines Fachschul- oder Hochschulbesuchs handelt (§ 39 Abs. 4 DEÜV). Das Gleiche gilt, wenn die Krankenkasse selbst die Meldung beim Rentenversicherungsträger ablehnt, weil sie eine Anrechnungszeit nicht feststellen kann.

Die Krankenkassen und die BA sind in diesen Fällen an Erklärungen der Rentenversicherungsträger zu Rechtsfragen von grundsätzlicher Bedeutung gebunden (§ 39 Abs. 6 DEÜV).

VII. Beiträge

1. Beitragssätze

Die Beiträge zur GRV werden nach einem Prozentsatz (Beitragssatz) von der Beitragsbemessungsgrundlage erhoben, die nur bis zur jeweiligen Beitragsbemessungsgrenze berücksichtigt wird.

Der Beitragssatz beläuft sich zur Zeit

- in der allgemeinen Rentenversicherung auf 18,6 %,
- in der knappschaftlichen Rentenversicherung auf 24,7 %.

§ 158 SGB VI enthält Bestimmungen über die Ermittlung der Beitragssätze.

Ein besonderer Beitragssatz ist für versicherungsfreie geringfügig Beschäftigte festgelegt worden. Er beläuft sich nach § 172 Abs. 3 SGB VI auf 15 %. Hier wird vom Pauschalbeitrag gesprochen, der im Übrigen allein vom Arbeitgeber getragen wird.

Für Beschäftigte in **Privathaushalten**, die in dieser Beschäftigung versicherungsfrei oder von der Versicherungspflicht befreit sind, tragen die Arbeitgeber einen Beitragsanteil in Höhe von 5 % des Arbeitsentgelts. Es handelt sich dabei um das Arbeitsentgelt, das beitragspflichtig wäre, wenn die Beschäftigten versicherungspflichtig wären.

2. Beitragsbemessungsgrundlagen

Die Beitragsbemessungsgrundlage für Versicherungspflichtige sind die beitragspflichtigen Einnahmen (§ 161 Abs. 1 SGB VI). Für Versicherungspflichtige gibt es keine Mindestbeitragsbemessungsgrundlage. Anders ist dies für freiwillig Versicherte. Nach § 167 SGB VI beträgt die Mindestbeitragsbemessungsgrundlage für freiwillig Versicherte monatlich 450 Euro.

Für freiwillig Versicherte ist deshalb Beitragsbemessungsgrundlage jeder Betrag zwischen der Mindestbeitragsbemessungsgrundlage und der Beitragsbemessungsgrenze.

Wie in Abschnitt 1 bereits erwähnt, wird die Beitragsbemessungsgrundlage nur bis zur jeweiligen Beitragsbemessungsgrenze bei der Beitragsberechnung berücksichtigt.

Nach § 159 SGB VI ändern sich die **Beitragsbemessungsgrenzen** in der Rentenversicherung der Arbeiter und der Angestellten sowie in der knappschaftlichen Rentenversicherung zum 1.1. eines jeden Jahres in dem Verhältnis, in dem die Bruttolohn- und -gehaltssumme je durchschnittlich beschäftigten Arbeitnehmer im vergangenen zur entsprechenden Bruttolohn- und

-gehaltssumme im vorvergangenen Kalenderjahr steht. Die veränderten Beträge werden nur für das Kalenderjahr, für das die Beitragsbemessungsgrenze bestimmt wird, auf das nächsthöhere Vielfache von 600 aufgerundet. Die Beitragsbemessungsgrenzen betragen in den alten Bundesländern 2022

- in der allgemeinen Rentenversicherung 74 600 Euro jährlich und 7050 Euro monatlich,
- in der knappschaftlichen Rentenversicherung 103 800 Euro im Jahr und 8650 Euro im Monat.

Für die neuen Bundesländer betragen die Beitragsbemessungsgrenzen für das Jahr 2022

- in der allgemeinen Rentenversicherung 81 000 Euro jährlich und 6750 Euro monatlich,
- in der knappschaftlichen Rentenversicherung 100 200 Euro im Jahr und 8350 Euro im Monat.

In den wichtigsten Abrechnungszeiträumen belaufen sich die Bemessungsgrenzen 2022 auf folgende Beträge:

Zeitraum	alte Länder (in Euro)	neue Länder (in Euro)
Monat	7050,00	6750,00
Woche	1645,00	1575,00
Kalendertag	230,00	225,00
2 Wochen	3290,00	3150,00
4 Wochen	6580,00	6300,00
5 Wochen	8225,00	7875,00

→ Beitragspflichtige Einnahmen Beschäftigter

Die §§ 162, 163 SGB VI beschäftigen sich mit den beitragspflichtigen Einnahmen Beschäftigter. Nach § 162 SGB VI sind beitragspflichtige Einnahmen

1. bei Personen, die gegen Arbeitsentgelt beschäftigt werden, das Arbeitsentgelt aus der versicherungspflichtigen Beschäftigung, jedoch bei Personen, die zu ihrer Berufsausbildung beschäftigt werden, mindestens 1 % der jährlichen Bezugsgröße[45] (2022: 394,80 Euro bzw. 378,00 Euro – neue Bundesländer –),

45 Die monatliche Bezugsgröße beläuft sich 2022 auf 3290 Euro in den alten Bundesländern und auf 3150 Euro im Beitrittsgebiet. Dies entspricht einem Jahresbetrag von 39 480 Euro bzw. 37 800 Euro.

2. bei behinderten Menschen das Arbeitsentgelt, mindestens 80 % der monatlichen Bezugsgröße (2022: 2632 Euro – alte Länder – bzw. 2520 Euro – neue Bundesländer –),

2a. bei behinderten Menschen, die im Anschluss an eine Beschäftigung in einer nach dem Sozialgesetzbuch – Neuntes Buch (SGB IX) anerkannten Werkstatt für behinderte Menschen in einem Inklusionsbetrieb (§ 215 SGB IX) beschäftigt werden, das Arbeitsentgelt, mindestens 80 % der Bezugsgröße (es handelt sich um die gleichen Werte wie bei Nr. 2)

3. bei Personen, die für eine Erwerbstätigkeit befähigt werden sollen oder im Rahmen einer Unterstützten Beschäftigung (§ 55 SGB IX) individuell betrieblich qualifiziert werden, ein Arbeitsentgelt in Höhe von 20 % der monatlichen Bezugsgröße (658 Euro – alte Länder – bzw. 630 Euro – neue Bundesländer –)

3a. bei Auszubildenden, die in einer außerbetrieblichen Einrichtung im Rahmen eines Berufsausbildungsvertrages nach dem Berufsbildungsgesetz ausgebildet werden, ein Arbeitsentgelt in Höhe der Ausbildungsvergütung,

4. bei Mitgliedern geistlicher Genossenschaften, Diakonissen und Angehörigen ähnlicher Gemeinschaften die Geld- und Sachbezüge, die sie persönlich erhalten, jedoch bei Mitgliedern, denen nach Beendigung ihrer Ausbildung eine Anwartschaft auf die in der Gemeinschaft übliche Versorgung nicht gewährleistet oder für die Gewährleistung nicht gesichert ist, mindestens 40 % der Bezugsgröße (2022 also 1316 Euro in den alten und 1260 Euro in den neuen Bundesländern),

5. bei Personen, deren Beschäftigung nach dem Einkommensteuerrecht als selbstständige Tätigkeit bewertet wird, ein Arbeitsentgelt von mindestens 450 Euro monatlich. Im Übrigen ist ein Einkommen in Höhe der Bezugsgröße zu berücksichtigen (vgl. dazu Fn. 50). Bei Nachweis eines niedrigeren oder höheren Einkommens ist dieses Einkommen nachzuweisen. Im Übrigen gelten die Vorschriften über die Beitragsbemessungsgrundlagen selbstständig Tätiger (vgl. dazu die noch folgenden Ausführungen).

Für **unständig Beschäftigte** ist als beitragspflichtige Einnahmen ohne Rücksicht auf die Beschäftigungsdauer das innerhalb eines Kalendermonats erzielte Arbeitsentgelt bis zur Höhe der monatlichen Beitragsbemessungsgrenze (vgl. dazu die obigen Ausführungen) zu Grunde zu legen (§ 163 Abs. 1 SGB VI). Unständig ist die Beschäftigung, die auf weniger als eine Woche entweder nach der Natur der Sache befristet zu sein pflegt oder im Voraus durch den Arbeitsvertrag befristet ist. Bestanden innerhalb eines Kalendermonats mehrere unständige Beschäftigungen, und übersteigt das

Arbeitsentgelt insgesamt die monatliche Beitragsbemessungsgrenze, sind bei der Berechnung der Beiträge die einzelnen Arbeitsentgelte anteilmäßig nur zu berücksichtigen, soweit der Gesamtbetrag die monatliche Beitragsbemessungsgrenze nicht übersteigt. Soweit Versicherte oder Arbeitgeber dies beantragen, verteilt die zuständige Einzugsstelle die Beiträge nach den zu berücksichtigenden Arbeitsentgelten aus unständigen Beschäftigungen.

§ 163 Abs. 3 SGB VI beschäftigt sich mit der Beitragsbemessungsgrundlage für **ehrenamtlich tätige Personen.** Bei solchen Arbeitnehmern, deren Arbeitsentgelt infolge der ehrenamtlichen Tätigkeit gemindert wird, gilt auch der Betrag zwischen dem tatsächlich erzielten Arbeitsentgelt und dem Arbeitsentgelt, das ohne die ehrenamtliche Tätigkeit erzielt worden wäre, als Arbeitsentgelt. Dieser Unterschiedsbetrag ist aber höchstens bis zur Beitragsbemessungsgrenze zu berücksichtigen. Voraussetzung für dieses Verfahren ist ein Antrag des Arbeitnehmers bei seinem Arbeitgeber. Vorstehendes gilt allerdings nur für ehrenamtliche Tätigkeiten für Körperschaften, Anstalten oder Stiftungen des öffentlichen Rechts, deren Verbände einschließlich der Spitzenverbände oder ihrer Arbeitsgemeinschaften, Parteien, Gewerkschaften sowie Körperschaften, Personenvereinigungen und Vermögensmassen, die wegen des ausschließlichen und unmittelbaren Dienstes für gemeinnützige, mildtätige oder kirchliche Zwecke von der Körperschaftsteuer befreit sind. Der Antrag kann nur für laufende und künftige Lohn- und Gehaltsabrechnungszeiträume gestellt werden.

Auch in § 163 Abs. 4 SGB VI geht es um ehrenamtlich Tätige. Danach gilt bei Versicherten, die eine **versicherungspflichtige ehrenamtliche Tätigkeit** aufnehmen und für das vergangene Kalenderjahr freiwillige Beiträge gezahlt haben, jeder Betrag zwischen dem Arbeitsentgelt und der Beitragsbemessungsgrenze als Arbeitsentgelt. Voraussetzung ist auch hier, dass der Versicherte dies beim Arbeitgeber beantragt. Vorstehendes gilt allerdings lediglich für versicherungspflichtige, ehrenamtliche Tätigkeiten für Körperschaften des öffentlichen Rechts. Der Antrag kann nur für laufende und künftige Lohn- und Gehaltsabrechnungszeiträume gestellt werden.

Bei Arbeitnehmern, die nach dem **Altersteilzeitgesetz** (ATG) **Aufstockungsbeträge** zum Arbeitsentgelt erhalten, gilt auch mindestens ein Betrag in Höhe von 80 % des Regelarbeitsentgelts für die Altersteilzeitarbeit, begrenzt auf den Unterschiedsbetrag zwischen 90 % der monatlichen Beitragsbemessungsgrenze und dem Regelarbeitsentgelt, höchstens jedoch bis zur Beitragsbemessungsgrenze als beitragspflichtige Einnahme.

90 % der Beitragsbemessungsgrenze der allgemeinen Rentenversicherung belaufen sich im Jahre 2022

- in den alten Bundesländern auf monatlich 6345 Euro und
- in den neuen Ländern auf 6075 Euro.

Es muss der Aufstockungsbetrag mindestens in Höhe des Beitrags erfolgen, der auf 80 % des Regelarbeitsentgelts für die Altersteilzeitarbeit entfällt, begrenzt aber auf mindestens den Unterschiedsbetrag zwischen 90 % der monatlichen Beitragsbemessungsgrenze und dem Regelarbeitsentgelt. Höchstens ist die Beitragsbemessungsgrenze maßgebend. 2022 beläuft sich die Beitragsbemessungsgrenze in der allgemeinen Rentenversicherung auf die oben angegebenen Werte.

Soweit **Kurzarbeitergeld** geleistet wird, gelten gem. § 163 Abs. 6 SGB VI als beitragspflichtige Einnahmen 80 % des Unterschiedsbetrags zwischen dem Soll-Entgelt und dem Ist-Entgelt nach § 179 SGB III.

Bei Arbeitnehmern, die eine geringfügig entlohnte Beschäftigung ausüben, ist als beitragspflichtige Einnahme das Arbeitsentgelt zu berücksichtigen. Mindestens handelt es sich hier aber um den Betrag in Höhe von 175 Euro.

Für Personen, die als Bezieher von Krankengeld, Versorgungskrankengeld, Verletztengeld oder Übergangsgeld versichert sind, gelten die vorstehenden Ausführungen zur Altersteilzeit entsprechend. Das Gleiche gilt auch für Personen, die für die Zeit der Arbeitsunfähigkeit oder der Ausführung von Leistungen zur Teilhabe, in der sie Krankentagegeld von einem privaten Krankenversicherungsunternehmen erhalten (§ 163 Abs. 5 Satz 2 SGB VI).

§ 163 Abs. 10 SGB VI bestimmt über die Beitragsberechnung bei Arbeitnehmern, die gegen ein monatliches Arbeitsentgelt bis zum oberen Grenzbetrag der **Gleitzone** (§ 20 Abs. 2 SGB IV) mehr als geringfügig beschäftigt sind.

Seit dem 01.07.2019 heißt die Gleitzone Übergangsbereich (aufgrund RV-Leistungsverbesserungs- und -Stabilisierungsgesetz). Die Obergrenze der Beitragsentlastung wurde auf 1300,00 Euro angehoben, und es wurde sichergestellt, dass die reduzierten Rentenversicherungsbeiträge nicht mehr zu geringeren Rentenleistungen führen.

Bei mehreren Beschäftigungsverhältnissen ist das insgesamt erzielte Arbeitsentgelt maßgebend (§ 20 Abs. 2 SGB IV).

Der Übergangsbereich bzw. die Gleitzone liegt bei einem Beschäftigungsverhältnis vor, wenn das daraus erzielte Arbeitsentgelt zwischen 450,01 und 1300,00 Euro (bis 30.06.2019: 850,00 Euro) im Monat liegt und die Grenze von 1300,00 Euro (bis 30.06.2019: 850,00 Euro) im Monat regelmäßig nicht überschreitet. Bei mehreren Beschäftigungsverhältnissen ist das insgesamt erzielte Arbeitsentgelt maßgebend (§ 20 Abs. 2 SGB IV).

Versicherungspflicht – in allen Zweigen der Sozialversicherung – besteht grundsätzlich nach wie vor, auch der Arbeitgeberanteil zur Sozialversicherung verändert sich im Vergleich zur bisherigen Regelung grundsätzlich nicht (individueller Zusatzbeitrag zur Krankenversicherung wird ab 01.01.2019 paritätisch, d.h. jeweils zur Hälfte vom Arbeitgeber und Arbeitnehmer getragen). Neu ist, dass der Arbeitnehmeranteil geringer ist, wobei die Beitragsbelastung des Arbeitnehmers mit dem Einkommen bis hin zu einem Verdienst von 1300,00 Euro ansteigt. Je näher also das Arbeitsentgelt an die 1300,00 Euro kommt, desto höher wird der Arbeitnehmeranteil, bis er bei 1300,00 Euro den normalen, hälftigen Beitragsanteil erreicht.

Die recht komplizierte Berechnung vollzieht sich dabei pro Versicherungszweig in mehreren Schritten:

1. Errechnung der beitragspflichtigen Einnahme mittels folgender vom Gesetzgeber vorgegebenen Formel:
   F = Faktor 0,7509 (für 2022)
   AE = tatsächliches Arbeitsentgelt
2. Errechnung des Gesamtbeitrags (Arbeitnehmer und Arbeitgeber) zum jeweiligen Sozialversicherungszweig anhand der beitragspflichtigen Einnahme nach Ziffer 1
3. Errechnung des auf den Arbeitgeber entfallenden Beitrags zum jeweiligen Sozialversicherungszweig bei Zugrundelegung des tatsächlichen erzielten Arbeitsentgelts
4. Arbeitnehmeranteil: Gesamtbeitrag aus der beitragspflichtigen Einnahme (Ziffer 2) abzüglich Arbeitgeberbeitrag aus tatsächlichem Arbeitsentgelt (Ziffer 3)

Die besonderen Regelungen zur Gleitzone bzw. zum Übergangsbereich gelten nicht:

- für Personen, die zu ihrer Berufsausbildung (zum Beispiel Auszubildende, Praktikanten, Teilnehmer an dualen Studiengängen) beschäftigt sind,
- bei Beschäftigungen, für deren Beitragsberechnung fiktive Arbeitsentgelte zu Grunde gelegt werden (zum Beispiel bei der Beschäftigung behinderter Menschen in anerkannten Werkstätten für behinderte Menschen, bei Mitgliedern geistlicher Genossenschaften, Diakonissen und Angehörigen ähnlicher Gemeinschaften),

- für Arbeitsentgelte aus Wiedereingliederungsmaßnahmen nach einer Arbeitsunfähigkeit, sofern Arbeitsentgelt vor der Maßnahme mehr als 1300,00 Euro (bis 30.06.2019: 850,00 Euro) betrug,
- für versicherungspflichtige Arbeitnehmer, deren monatliches Arbeitsentgelt regelmäßig mehr als 1300,00 Euro (bis 30.06.2019: 850,00 Euro) beträgt und nur wegen Kurzarbeit oder im Baugewerbe wegen schlechten Wetters so weit gemindert ist, dass das tatsächlich erzielte Arbeitsentgelt die obere Gleitzonengrenze von 1300,00 Euro (bis 30.06.2019: 850,00 Euro) unterschreitet,
- wenn infolge mehrerer Beschäftigungen die Grenze von 1300,00 Euro (bis 30.06.2019: 850,00 Euro) überschritten wird,
- für Teilnehmer am freiwilligen sozialen oder ökologischen Jahr oder am Bundesfreiwilligendienst.

→ Beitragspflichtige Einnahmen selbstständig Tätiger

Nach § 165 SGB VI sind beitragspflichtige Einnahmen selbstständig Tätiger

1. bei selbstständig Tätigen ein Arbeitseinkommen in Höhe der Bezugsgröße (vgl. dazu Fn. 1), bei Nachweis eines niedrigen oder höheren Arbeitseinkommens jedoch dieses Arbeitseinkommen. Monatlich sind jedoch mindestens 450 Euro zu berücksichtigen.
2. bei Seelotsen das Arbeitseinkommen,
3. bei Künstlern und Publizisten das voraussichtliche Jahreseinkommen nach § 12 Künstlersozialversicherungsgesetz (KSVG), mindestens jedoch 3900 Euro, wobei Arbeitseinkommen auch die Vergütungen für die Verwertung und Nutzung urheberrechtlich geschützter Werke oder Leistungen sind,
4. bei Hausgewerbetreibenden das Arbeitseinkommen,
5. bei Küstenschiffern und Küstenfischern das in der Unfallversicherung maßgebende beitragspflichtige Arbeitseinkommen.

Abweichend von Nr. 1 sind beitragspflichtige Einnahmen bei selbstständig Tätigen bis zum Ablauf von drei Kalenderjahren nach dem Jahr der Aufnahme der selbstständigen Tätigkeit ein Arbeitseinkommen in Höhe von 50 % der monatlichen Bezugsgröße, auf Antrag des Versicherten jedoch ein Arbeitseinkommen in Höhe der Bezugsgröße (vgl. Fn. 50).

Im Jahre 2022 belaufen sich 50 % der monatlichen Bezugsgröße

- in den alten Bundesländern auf 1645 Euro und
- in den neuen Ländern auf 1575 Euro.

Für den Nachweis des von der Bezugsgröße abweichenden Arbeitseinkommens sind die sich aus dem letzten **Einkommensteuerbescheid** für das zeitnaheste Kalenderjahr ergebenden Einkünfte aus der versicherungspflichtigen selbstständigen Tätigkeit so lange maßgebend, bis ein neuer Einkommensteuerbescheid vorgelegt wird. Die Einkünfte sind mit dem Prozentsatz zu vervielfältigen, der sich aus dem Verhältnis des vorläufigen Durchschnittsentgelts für das Kalenderjahr, für welches das Arbeitseinkommen nachzuweisen ist, zu dem Durchschnittsentgelt für das maßgebende Veranlagungsjahr des Einkommensteuerbescheides ergibt.

Übersteigt das nach Vorstehendem festgestellte Arbeitseinkommen die Beitragsbemessungsgrenze des nachzuweisenden Kalenderjahres, wird ein Arbeitseinkommen in Höhe der jeweiligen Beitragsbemessungsgrenze so lange zu Grunde gelegt, bis sich aus einem neuen Einkommensteuerbescheid niedrigere Einkünfte ergeben.

Der Einkommensteuerbescheid ist dem Träger der Rentenversicherung spätestens zwei Kalendermonate nach seiner Ausfertigung vorzulegen. Statt des Einkommensteuerbescheides kann auch eine Bescheinigung des Finanzamtes vorgelegt werden, die die für den Nachweis des Arbeitseinkommens erforderlichen Daten des Einkommensteuerbescheides enthält. Änderungen des Arbeitseinkommens werden vom ersten des auf die Vorlage des Bescheides oder der Bescheinigung folgenden Kalendermonats, spätestens aber vom Beginn des dritten Kalendermonats nach Ausfertigung des Einkommensteuerbescheides an berücksichtigt. Ist eine Veranlagung zur Einkommensteuer auf Grund der versicherungspflichtigen selbstständigen Tätigkeit noch nicht erfolgt, sind für das Jahr des Beginns der Versicherungspflicht die Einkünfte zu Grunde zu legen, die sich aus den vom Versicherten vorzulegenden Unterlagen ergeben. Für die Folgejahre sind die obigen Ausführungen in Zusammenhang mit den Dynamisierungsfaktoren sinngemäß anzuwenden.

Abweichend von Vorstehendem ist auf Antrag des Versicherten vom laufenden Arbeitseinkommen auszugehen, wenn dieses im Durchschnitt voraussichtlich um wenigstens 30 % geringer ist.

Bei den **Künstlern und Publizisten** (obige Nr. 3) ist auf Antrag des Versicherten vom laufenden Arbeitseinkommen auszugehen, wenn dieses im Durchschnitt voraussichtlich um wenigstens 30 % geringer ist als das Arbeitseinkommen aus dem letzten Einkommensteuerbescheid (§ 165 Abs. 1a SGB VI). Das laufende Arbeitseinkommen ist durch entsprechende Unterlagen nachzuweisen. Änderungen des Arbeitseinkommens werden vom Ersten des auf die Vorlage der Nachweise folgenden Kalendermonats an berücksichtigt. Das festgestellte laufende Arbeitseinkommen bleibt so lange maßgebend, bis der Einkommensteuerbescheid über dieses Veranlagungsjahr vorgelegt wird und zu berücksichtigen ist. Für die Folgejahre sind die obigen Ausführungen in Zusammenhang mit den Dynamisierungsfaktoren entsprechend anzuwenden.

Nach § 165 Abs. 1b SGB VI wird bei Künstlern und Publizisten für die Dauer des Bezugs von Elterngeld auf Antrag des Versicherten das in diesen Zeiten voraussichtlich erzielte Arbeitseinkommen, wenn es im Durchschnitt monatlich 325 Euro übersteigt, zu Grunde gelegt.

Für Hausgewerbetreibende, die ehrenamtlich tätig sind, gelten die oben geschilderten Regelungen für Arbeitnehmer, die ehrenamtlich tätig sind, entsprechend (§ 165 Abs. 2 SGB VI).

Bei Selbstständigen, die auf Antrag versicherungspflichtig sind, gelten als Arbeitseinkommen im Sinne von § 15 SGB IV auch die Einnahmen, die steuerrechtlich als Einkommen aus abhängiger Beschäftigung behandelt werden (§ 165 Abs. 3 SGB VI). Der in § 165 Abs. 3 SGB VI zitierte § 15 SGB IV bestimmt in seinem Absatz 1, dass Arbeitseinkommen der nach den allgemeinen Gewinnermittlungsvorschriften des Einkommensteuerrechts ermittelte Gewinn aus einer selbstständigen Tätigkeit ist. Einkommen ist als Arbeitseinkommen zu werten, wenn es als solches nach dem Einkommensteuerrecht zu bewerten ist.

→ Beitragspflichtige Einnahmen sonstiger Versicherter

§ 166 SGB VI beschäftigt sich mit den beitragspflichtigen Einnahmen sonstiger Versicherter.

Danach sind beitragspflichtige Einnahmen

1. bei Personen, die als Wehr- oder Zivildienst Leistende versichert sind, 80 Prozent der Bezugsgröße (2022: 2632 Euro in den alten und 2520 Euro in den neuen Bundesländern); bei Teilzeitbeschäftigung wird dieser Prozentsatz mit dem Teilzeitanteil vervielfältigt,

1a. bei Personen, die als Wehr- oder Zivildienst Leistende versichert sind und Leistungen nach § 5 oder § 8 Absatz 1 Satz 1 jeweils in Verbindung mit Anlage 1 des Unterhaltssicherungsgesetzes erhalten, das Arbeitsentgelt, das dieser Leistung vor Abzug von Steuern und Beiträgen zugrunde liegt oder läge, mindestens jedoch 80 Prozent der Bezugsgröße (siehe 1.); bei Teilzeitbeschäftigung wird dieser Prozentsatz mit dem Teilzeitanteil vervielfältigt,

1b. bei Personen, die in einem Wehrdienstverhältnis besonderer Art nach § 6 des Einsatz-Weiterverwendungsgesetzes versichert sind, die daraus gewährten Dienstbezüge in dem Umfang, in dem sie bei Beschäftigten als Arbeitsentgelt zu berücksichtigen wären,

1c. bei Personen, die als ehemalige Soldaten auf Zeit Übergangsgebührnisse beziehen, die nach § 11 des Soldatenversorgungsgesetzes gewährten Übergangsgebührnisse; liegen weitere Versicherungsverhältnisse vor, ist beitragspflichtige Einnahme höchstens die Differenz aus der Beitragsbemessungsgrenze und den beitragspflichtigen Einnahmen aus den weiteren Versicherungsverhältnissen,

2. bei Personen, die Arbeitslosengeld, Übergangsgeld, Krankengeld, Verletztengeld oder Versorgungskrankengeld beziehen, 80 vom Hundert des der Leistung zugrunde liegenden Arbeitsentgelts oder Arbeitseinkommens, wobei 80 vom Hundert des beitragspflichtigen Arbeitsentgelts aus einem nicht geringfügigen Beschäftigungsverhältnis abzuziehen sind, und bei gleichzeitigem Bezug von Krankengeld neben einer anderen Leistung das dem Krankengeld zugrunde liegende Einkommen nicht zu berücksichtigen ist,

2a. bei Personen, die im Anschluss an den Bezug von Arbeitslosengeld II Übergangsgeld oder Verletztengeld beziehen, monatlich der Betrag von 205 Euro,

2b. bei Personen, die Krankengeld nach § 44a des Fünften Buches beziehen, das der Leistung zugrunde liegende Arbeitsentgelt oder Arbeitseinkommen; wird dieses Krankengeld nach § 47b des Fünften Buches gezahlt, gilt Nummer 2,

2c. bei Personen, die Teilarbeitslosengeld beziehen, 80 vom Hundert des dieser Leistung zugrunde liegenden Arbeitsentgelts,

2d. bei Personen, die von einem privaten Krankenversicherungsunternehmen, von einem Beihilfeträger des Bundes, von einem sonstigen öffentlich-rechtlichen Träger von Kosten in Krankheitsfällen auf Bundesebene, von dem Träger der Heilfürsorge im Bereich des Bundes, von dem Träger der truppenärztlichen Versorgung oder von einem öffentlich-rechtlichen Träger von Kosten in Krankheitsfällen auf Landesebene, soweit Landesrecht dies vorsieht, Leistungen für den Ausfall von Arbeitseinkünften im Zusammenhang mit einer nach den §§ 8 und 8a des Transplantationsgesetzes erfolgenden Spende von Organen oder Geweben oder im Zusammenhang mit einer im Sinne von § 9 des Transfusionsgesetzes erfolgenden Spende von Blut zur Separation von Blutstammzellen oder anderen Blutbestandteilen beziehen, das diesen Leistungen zugrunde liegende Arbeitsentgelt oder Arbeitseinkommen,

2e. bei Personen, die Krankengeld nach § 45 Absatz 1 des Fünften Buches oder Verletztengeld nach § 45 Absatz 4 des Siebten Buches in Verbindung mit § 45 Absatz 1 des Fünften Buches beziehen, 80 vom Hundert des während der Freistellung ausgefallenen, laufenden Arbeitsentgelts oder des der Leistung zugrunde liegenden Arbeitseinkommens,

2 f. bei Personen, die Pflegeunterstützungsgeld beziehen, 80 vom Hundert des während der Freistellung ausgefallenen, laufenden Arbeitsentgelts,

3. bei Beziehern von Vorruhestandsgeld das Vorruhestandsgeld,

4. bei Entwicklungshelfern das Arbeitsentgelt oder, wenn dies günstiger ist, der Betrag, der sich ergibt, wenn die Beitragsbemessungsgrenze mit dem Verhältnis vervielfältigt wird, in dem die Summe der Arbeitsentgelte oder Arbeitseinkommen für die letzten drei vor Aufnahme der nach § 4 Abs. 1 versicherungspflichtigen Beschäftigung oder Tätigkeit voll mit Pflichtbeiträgen belegten Kalendermonate zur Summe der Beträge der Beitragsbemessungsgrenzen für diesen Zeitraum steht; der Verhältniswert beträgt mindestens 0,6667,

4a. bei Personen, die für eine begrenzte Zeit im Ausland beschäftigt sind, das Arbeitsentgelt oder der sich abweichend vom Arbeitsentgelt nach Nummer 4 ergebende Betrag, wenn dies mit der antragstellenden Stelle vereinbart wird; die Vereinbarung kann nur für laufende und künftige Lohn- und Gehaltsabrechnungszeiträume getroffen werden,

4b. bei sekundierten Personen das Arbeitsentgelt und die Leistungen nach § 9 des Sekundierungsgesetzes; im Übrigen gilt Nummer 4 entsprechend,

4c. bei sonstigen im Ausland beschäftigten Personen, die auf Antrag versicherungspflichtig sind, das Arbeitsentgelt,

5. bei Personen, die für Zeiten der Arbeitsunfähigkeit oder der Ausführung von Leistungen zur Teilhabe ohne Anspruch auf Krankengeld versichert sind, 80 vom Hundert des zuletzt für einen vollen Kalendermonat versicherten Arbeitsentgelts oder Arbeitseinkommens.

Nach § 166 Abs. 2 sind beitragspflichtige Einnahmen bei nicht erwerbsmäßig tätigen Pflegepersonen bei Pflege einer

1. pflegebedürftigen Person des Pflegegrades 5 nach § 15 Absatz 3 Satz 4 Nummer 5 SGB XI
   a) 100 vom Hundert der Bezugsgröße, wenn die pflegebedürftige Person ausschließlich Pflegegeld nach § 37 SGB XI bezieht,
   b) 85 vom Hundert der Bezugsgröße, wenn die pflegebedürftige Person Kombinationsleistungen nach § 38 SGB XI bezieht,
   c) 70 vom Hundert der Bezugsgröße, wenn die pflegebedürftige Person ausschließlich Pflegesachleistungen nach § 36 SGB XI bezieht,

2. pflegebedürftigen Person des Pflegegrades 4 nach § 15 Absatz 3 Satz 4 Nummer 4 SGB XI
   a) 70 vom Hundert der Bezugsgröße, wenn die pflegebedürftige Person ausschließlich Pflegegeld nach § 37 SGB XI bezieht,
   b) 59,5 vom Hundert der Bezugsgröße, wenn die pflegebedürftige Person Kombinationsleistungen nach § 38 SGB XI bezieht,
   c) 49 vom Hundert der Bezugsgröße, wenn die pflegebedürftige Person ausschließlich Pflegesachleistungen nach § 36 SGB XI bezieht,
3. pflegebedürftigen Person des Pflegegrades 3 nach § 15 Absatz 3 Satz 4 Nummer 3 SGB XI
   a) 43 vom Hundert der Bezugsgröße, wenn die pflegebedürftige Person ausschließlich Pflegegeld nach § 37 SGB XI bezieht,
   b) 36,55 vom Hundert der Bezugsgröße, wenn die pflegebedürftige Person Kombinationsleistungen nach § 38 SGB XI bezieht,
   c) 30,1 vom Hundert der Bezugsgröße, wenn die pflegebedürftige Person ausschließlich Pflegesachleistungen nach § 36 SGB XI bezieht,
4. pflegebedürftigen Person des Pflegegrades 2 nach § 15 Absatz 3 Satz 4 Nummer 2 SGB XI
   a) 27 vom Hundert der Bezugsgröße, wenn die pflegebedürftige Person ausschließlich Pflegegeld nach § 37 SGB XI bezieht,
   b) 22,95 vom Hundert der Bezugsgröße, wenn die pflegebedürftige Person Kombinationsleistungen nach § 38 SGB XI bezieht,
   c) 18,9 vom Hundert der Bezugsgröße, wenn die pflegebedürftige Person ausschließlich Pflegesachleistungen nach § 36 SGB XI bezieht.

2022 beläuft sich die monatliche Bezugsgröße im Westen Deutschlands auf 3290 Euro und im Osten auf 3150 Euro. Hieraus errechnen sich für 2022 folgende Beitragsbemessungsgrundlagen für die einzelnen Pflegegrade und Leistungsarten:

Pflegegrad	Leistungsart	Bezugsgröße	2022 – Westen Euro	2022 – Osten Euro
2	Selbst beschaffte Pflegehilfe	27,00 %	888,30	850,50
	Kombinationsleistung	22,95 %	755,06	722,93
	Pflegesachleistung	18,90 %	621,81	595,35
3	Selbst beschaffte Pflegehilfe	43,00 %	1414,70	1354,50
	Kombinationsleistung	36,55 %	1202,50	1151,33
	Pflegesachleistung	30,10 %	990,29	948,15

Pflege-grad	Leistungsart	Bezugs-größe	2022 – Westen Euro	2022 – Osten Euro
4	Selbst beschaffte Pflegehilfe	70,00 %	2303,00	2205,00
	Kombinationsleistung	59,50 %	1957,55	1874,25
	Pflegesachleistung	49,00 %	1612,10	1543,50
5	Selbst beschaffte Pflegehilfe	100,00 %	3290,00	3150,00
	Kombinationsleistung	85,00 %	2796,00	2677,50
	Pflegesachleistung	70,00 %	2303,00	2205,00

→ Mehrfachpflege

Üben mehrere nicht erwerbsmäßig tätige Pflegepersonen die Pflege einer pflegebedürftigen Person gemeinsam aus, sind die beitragspflichtigen Einnahmen aufzuteilen (§ 166 Abs. 2 Satz 2 SGB VI).

Wird die Pflege eines Pflegebedürftigen von mehreren Pflegepersonen erbracht (Mehrfachpflege, auch Additionspflege genannt), wird der Umfang der jeweiligen Pflegetätigkeit je Pflegeperson im Verhältnis zum Umfang der von den Pflegepersonen zu leistenden Pflegetätigkeit insgesamt (Gesamtpflegeaufwand) ermittelt. Dabei werden die Angaben der beteiligten Pflegepersonen zugrunde gelegt. Werden keine oder keine übereinstimmenden Angaben gemacht, erfolgt eine Aufteilung zu gleichen Teilen.

Die Feststellung zu den Pflegezeiten und zum Pflegeaufwand der Pflegeperson sowie bei Mehrfachpflege zum Einzel- und Gesamtpflegeaufwand trifft die Pflegekasse beziehungsweise das private Versicherungsunternehmen des Pflegebedürftigen. Diese Feststellungen sind der Pflegeperson auf Wunsch zu übermitteln.

Das Meldeverfahren für Fälle, in denen die Mindeststundenzahl für die Pflege (10 Stunden wöchentlich) nur durch die Pflege mehrerer Pflegebedürftiger erreicht wird, regeln der Spitzenverband Bund der Pflegekassen, der Verband der privaten Krankenversicherung e. V., die Deutsche Rentenversicherung Bund und die Bundesagentur für Arbeit durch Vereinbarung.

Es werden keine Rentenversicherungsbeiträge gezahlt, wenn nicht mindestens Pflegegrad 2 vorliegt. Für die Prüfung der 10-Stunden-Grenze erfolgt kein Zusammenrechnen der Pflegetätigkeiten im Pflegegrad 1.

3. Beitragszeit und Beitragszahlung

→ Beitragszeit

Die Beitragszeit entspricht in der Regel der Zeit der Versicherungspflicht. Allerdings ist zu beachten, dass Beiträge nur erhoben werden, soweit Entgelt anfällt. Dies bedeutet, dass in der Zeit, in der beispielsweise wegen Arbeitsunfähigkeit nach Ablauf der Entgeltfortzahlung des Arbeitgebers kein Entgelt gewährt wird, auch keine Beiträge anfallen.

Seit 1.7.2006 regeln die §§ 1 und 2 der Beitragsverfahrensverordnung (BVV)[46] die Berechnung des Gesamtsozialversicherungsbeitrages, zu dem auch der Beitrag zur GRV gehört. § 1 der BVV bestimmt seit 1.1.2003, dass der Gesamtsozialversicherungsbeitrag und die Beitragsbemessungsgrenzen je Kalendermonat für die Kalendertage berechnet werden, an denen eine versicherungspflichtige Beschäftigung besteht (Sozialversicherungstage). Ein voller Kalendermonat wird mit 30 Sozialversicherungstagen angesetzt. Berechnungsbasis ist das aus der Beschäftigung erzielte Arbeitsentgelt bis zur monatlichen Beitragsbemessungsgrenze. Die Rechengänge werden ohne Rundung der einzelnen Zwischenergebnisse durchgeführt. Das Gesamtergebnis wird auf zwei Dezimalstellen berechnet. Die letzte Dezimalstelle wird um 1 erhöht, wenn sich in der folgenden Dezimalstelle eine der Zahlen 5 bis 9 ergeben würde.

→ Beitragszahlung

§ 28d SGB IV bestimmt, dass die Beiträge in der Kranken- oder Rentenversicherung für einen kraft Gesetzes versicherten Beschäftigten oder Hausgewerbetreibenden sowie der Beitrag aus Arbeitsentgelt aus einer versicherungspflichtigen Beschäftigung nach dem Recht der Arbeitsförderung als **Gesamtsozialversicherungsbeitrag** gezahlt werden. Dies gilt auch für den Beitrag zur Pflegeversicherung.

Den Gesamtsozialversicherungsbeitrag hat der Arbeitgeber zu zahlen (§ 28e SGB IV). Zur Beitragsberechnung bestimmt § 2 BVV, dass Beiträge, die der Arbeitgeber und der Beschäftigte je zur Hälfte tragen, durch Anwendung des halben Beitragssatzes auf das Arbeitsentgelt und anschließende Verdoppelung des gerundeten Ergebnisses berechnet werden. Trägt der Arbeitgeber den Beitrag allein, kann Vorstehendes entsprechend angewandt

46 Die Verordnung über die Berechnung, Zahlung, Weiterleitung, Abrechnung und Prüfung des Gesamtsozialversicherungsbeitrages (Beitragsverfahrensverordnung – BVV) datiert vom 3.5.2006 (BGBl. I S.1138). Sie ist zuletzt durch Gesetz vom 16.07.2021 (BGBl. I S.2970) geändert worden.

werden. Werden Beiträge von dem Arbeitgeber und dem Beschäftigten nicht je zur Hälfte getragen, ergibt sich der Beitrag aus der Summe der getrennt berechneten gerundeten Anteile.

Wird in den Fällen des § 163 Absatz 8 SGB VI (geringfügig Beschäftigte) die Mindestbeitragsbemessungsgrundlage (175 Euro) nicht überschritten, werden der Beitragssatz auf die Mindestbeitragsbemessungsgrundlage angewandt sowie der vom Arbeitgeber zu tragende Beitragsanteil berechnet und gerundet. Der Abzug des Arbeitgeberanteils vom Beitrag ergibt den Beitragsanteil des Beschäftigten.

Bezüglich der Beitragszahlung für Entgelt in der Gleitzone wird auf die Ausführungen in Abschnitt 3 verwiesen.

Mit der Verteilung der Beitragslast in der GRV beschäftigen sich die §§ 168 bis 172a SGB VI.

→ Beitragstragung bei Beschäftigten

Gemäß § 168 Abs. 1 SGB VI werden die Beiträge getragen

1. bei Personen, die gegen Arbeitsentgelt beschäftigt werden, von den Versicherten und von den Arbeitgebern je zur Hälfte,

1a. bei Arbeitnehmern, die Kurzarbeitergeld beziehen, vom Arbeitgeber,

1b. bei Personen, die gegen Arbeitsentgelt geringfügig versicherungspflichtig beschäftigt werden, von den Arbeitgebern in Höhe des Betrages, der 15 vom Hundert des der Beschäftigung zugrunde liegenden Arbeitsentgelts entspricht, im Übrigen vom Versicherten,

1c. bei Personen, die gegen Arbeitsentgelt in Privathaushalten geringfügig versicherungspflichtig beschäftigt werden, von den Arbeitgebern in Höhe des Betrages, der 5 vom Hundert des der Beschäftigung zugrunde liegenden Arbeitsentgelts entspricht, im Übrigen vom Versicherten,

1d. bei Arbeitnehmern, deren beitragspflichtige Einnahme sich nach § 163 Abs. 10 Satz 1 SGB VI bestimmt, von den Arbeitgebern in Höhe der Hälfte des Betrages, der sich ergibt, wenn der Beitragssatz auf das der Beschäftigung zugrunde liegende Arbeitsentgelt angewendet wird, im Übrigen vom Versicherten,

2. bei behinderten Menschen von den Trägern der Einrichtung oder dem anderen Leistungsanbieter nach § 60 des Neunten Buches, wenn ein Arbeitsentgelt nicht bezogen wird oder das monatliche Arbeitsentgelt 20 vom Hundert der monatlichen Bezugsgröße (2022: 658 Euro in den alten und 630 Euro in den neuen Ländern) nicht übersteigt, sowie für den Betrag zwischen dem monatlichen Arbeitsentgelt und 80 vom Hundert

der monatlichen Bezugsgröße (2022: 2632 Euro in den alten und 2520 Euro in den neuen Ländern), wenn das monatliche Arbeitsentgelt 80 vom Hundert der monatlichen Bezugsgröße nicht übersteigt, im Übrigen von den Versicherten und den Trägern der Einrichtung oder dem anderen Leistungsanbieter nach § 60 SGB IX je zur Hälfte,

2a. bei behinderten Menschen, die im Anschluss an eine Beschäftigung in einer nach dem Neunten Buch anerkannten Werkstatt für behinderte Menschen oder nach einer Beschäftigung bei einem anderen Leistungsanbieter nach § 60 SGB IX in einem Inklusionsbetrieb (§ 215 SGB IX) beschäftigt sind, von den Trägern der Inklusionsbetriebe für den Betrag zwischen dem monatlichen Arbeitsentgelt und 80 vom Hundert der monatlichen Bezugsgröße (2022: 2632 Euro in den alten und 2520 Euro in den neuen Ländern), wenn das monatliche Arbeitsentgelt 80 vom Hundert der monatlichen Bezugsgröße nicht übersteigt, im Übrigen von den Versicherten und den Trägern der Inklusionsbetriebe je zur Hälfte,

3. bei Personen, die für eine Erwerbstätigkeit befähigt werden sollen, von den Trägern der Einrichtung,

3a. bei behinderten Menschen während der individuellen betrieblichen Qualifizierung im Rahmen der Unterstützten Beschäftigung nach § 55 SGB IX von dem zuständigen Rehabilitationsträger,

4. bei Mitgliedern geistlicher Genossenschaften, Diakonissen und Angehörigen ähnlicher Gemeinschaften von den Genossenschaften oder Gemeinschaften, wenn das monatliche Arbeitsentgelt 40 vom Hundert der monatlichen Bezugsgröße (2022: 1316 Euro in den alten und 1260 Euro in den neuen Ländern)nicht übersteigt, im Übrigen von den Mitgliedern und den Genossenschaften oder Gemeinschaften je zur Hälfte,

5. bei Arbeitnehmern, die ehrenamtlich tätig sind, für den Unterschiedsbetrag von ihnen selbst,

6. bei Arbeitnehmern, die nach dem Altersteilzeitgesetz Aufstockungsbeträge zum Arbeitsentgelt erhalten, für die sich nach § 163 Abs. 5 Satz 1 ergebende beitragspflichtige Einnahme von den Arbeitgebern,

7. bei Arbeitnehmern, die nach dem Altersteilzeitgesetz Aufstockungsbeträge zum Krankengeld, Versorgungskrankengeld, Verletztengeld, Übergangsgeld oder Krankentagegeld erhalten, für die sich nach § 163 Abs. 5 Satz 2 ergebende beitragspflichtige Einnahme

a) von der Bundesagentur oder, im Fall der Leistungserbringung nach § 10 Abs. 2 Satz 2 des Altersteilzeitgesetzes, von den Arbeitgebern, wenn die Voraussetzungen des § 4 des Altersteilzeitgesetzes vorliegen,

b) von den Arbeitgebern, wenn die Voraussetzungen des § 4 des Altersteilzeitgesetzes nicht vorliegen. Wird infolge einmalig gezahlten Arbeitsentgelts die in Nr. 2 genannte Grenze von 20 % der monatlichen Bezugsgröße überschritten, tragen die Versicherten und die Arbeitgeber die Beiträge von dem diese Grenzen übersteigenden Teil des Arbeitsentgelts jeweils zur Hälfte. Im Übrigen tragen die Arbeitgeber den Beitrag allein (§ 168 Abs. 2 SGB VI).

Personen, die in der knappschaftlichen Rentenversicherung versichert sind, tragen die Beiträge in Höhe des Beitragssatzes, den sie zu tragen hätten, wenn sie in der allgemeinen Rentenversicherung versichert wären (§ 168 Abs. 3 SGB VI). Im Übrigen tragen die Arbeitgeber die Beiträge.

Dies bedeutet, dass knappschaftlich Versicherte, im Jahr 2022, lediglich die Beiträge aus der Hälfte des Beitragssatzes von 18,6 %, also aus 9,3 %, zu tragen haben. Dies bedeutet, dass die knappschaftlichen Arbeitgeber 15,40 % zu tragen haben.

→ Beitragstragung bei selbstständig Tätigen und bei freiwillig Versicherten

Nach § 169 SGB VI werden die Beiträge getragen

1. bei selbstständig Tätigen von ihnen selbst,
2. bei Künstlern und Publizisten von der Künstlersozialkasse,
3. bei Hausgewerbetreibenden von den Versicherten und den Arbeitgebern je zur Hälfte,
4. bei Hausgewerbetreibenden, die ehrenamtlich tätig sind, für den Unterschiedsbetrag von ihnen selbst.

Freiwillig Versicherte tragen ihren Beitrag selbst (§ 171 SGB VI).

Im Gegensatz zur gesetzlichen Krankenversicherung sind in der Rentenversicherung keine Arbeitgeberzuschüsse für freiwillig Versicherte vorgesehen. Am 22. 5. 1985[47] hat das BSG festgestellt, dass ein von der Versicherungspflicht in der Rentenversicherung befreiter Angestellter keinen sozialrechtlichen Anspruch auf einen Zuschuss seines Arbeitgebers zu den Beiträgen für seine private Lebensversicherung hat. Das Fehlen einer dem (heute) § 257 Sozialgesetzbuch – Fünftes Buch (SGB V) entsprechenden Regelung im Rentenversicherungsrecht stellt nach Ansicht des BSG keine

47 1 RS 1/84 (Die Beiträge 1985 S. 244, 308)

planwidrige Gesetzeslücke dar, die von der Rechtsprechung geschlossen werden könne. Insoweit liegt auch kein Verstoß gegen höherrangiges Recht vor. Die bestehenden Ansprüche im Rahmen der so genannten Riester-Rente haben mit diesem Problem nichts zu tun (vgl. hierzu VIII.).

→ Beitragstragung bei sonstigen Versicherten

Nach § 170 SGB VI werden die Beiträge getragen

1. bei freiwilligen Wehrdienstleistenden und Freiwilligendienstleistenden Personen in einem Wehrdienstverhältnis besonderer Art und für Kindererziehungszeiten vom Bund,
2. bei Personen, die
   a) Krankengeld oder Verletztengeld beziehen, von den Beziehern der Leistung und den Leistungsträgern je zur Hälfte, soweit sie auf die Leistung entfallen und diese Leistungen nicht in Höhe der Leistungen der BA zu zahlen sind, im Übrigen vom Leistungsträger. Die Beiträge werden auch dann von den Leistungsträgern getragen, wenn die Bezieher der Leistung zur Berufsausbildung beschäftigt sind und das der Leistung zu Grunde liegende Arbeitsentgelt auf den Monat bezogen 450 Euro nicht übersteigt,
   b) Versorgungskrankengeld, Übergangsgeld oder Arbeitslosengeld beziehen, von den Leistungsträgern,
   c) Krankengeld bei Spende von Organen, Geweben oder Blut zur Separation von Blutstammzellen oder anderen Blutbestandteilen beziehen, vom Leistungsträger,
   d) für Personen, die Leistungen für den Ausfall von Arbeitseinkünften im Zusammenhang mit einer Spende von Organen oder Geweben oder im Zusammenhang mit einer Spende von Blut zur Separation von Blutstammzellen oder anderen Blutbestandteilen erhalten, von der Stelle, die die Leistungen erbringt; wird die Leistung von mehreren Stellen erbracht, sind die Beiträge entsprechend anteilig zu tragen,
   e) Pflegeunterstützungsgeld beziehen, von den Beziehern der Leistung zur Hälfte, soweit sie auf die Leistung entfallen, im Übrigen
      aa) von der Pflegekasse, wenn der Pflegebedürftige in der sozialen Pflegeversicherung versichert ist,
      bb) von dem privaten Versicherungsunternehmen, wenn der Pflegebedürftige in der sozialen Pflegeversicherung versicherungsfrei ist,
      cc) von der Feststellungsstelle für die Beihilfe oder dem Dienstherrn und der Pflegekasse oder dem privaten Versicherungsunterneh-

men anteilig, wenn der Pflegebedürftige Anspruch auf Beihilfe oder Heilfürsorge hat und in der privaten Pflegeversicherung oder bei einem privaten Versicherungsunternehmen versichert ist; ist ein Träger der Rentenversicherung Festsetzungsstelle für die Beihilfe, gelten die Beiträge insoweit als gezahlt; dies gilt auch im Verhältnis der Rentenversicherungsträger untereinander.

Die Beiträge werden von den Stellen, die die Leistung zu erbringen haben, allein getragen, wenn die Bezieher der Leistung zur Berufsausbildung beschäftigt sind und das der Leistung zugrunde liegende Arbeitsentgelt auf den Monat bezogen 450 Euro nicht übersteigt. Doppelbuchstabe cc gilt entsprechend.

3. bei Bezug von Vorruhestandsgeld von den Beziehern und den zur Zahlung des Vorruhestandsgeldes Verpflichteten je zur Hälfte,
4. bei Entwicklungshelfern, bei Personen, die für eine begrenzte Zeit im Ausland beschäftigt sind, bei sekundierten Personen oder bei sonstigen im Ausland beschäftigten Personen von der antragstellenden Stelle,
5. bei Zeiten der Arbeitsunfähigkeit oder der Ausführung von Leistungen zur Teilhabe ohne Anspruch auf Krankengeld von den Versicherten selbst,
6. bei nicht erwerbsmäßig tätigen Pflegepersonen, die einen
   a) in der sozialen Pflegeversicherung versicherten Pflegebedürftigen pflegen, von der Pflegekasse,
   b) in der sozialen Pflegeversicherung versicherungsfreien Pflegebedürftigen pflegen, von dem privaten Versicherungsunternehmen,
   c) Pflegebedürftigen pflegen, der wegen Pflegebedürftigkeit Beihilfeleistungen oder Leistungen der Heilfürsorge und Leistungen einer Pflegekasse oder eines privaten Versicherungsunternehmens erhält, von der Festsetzungsstelle für die Beihilfe oder vom Dienstherrn und der Pflegekasse oder dem privaten Versicherungsunternehmen anteilig. Ist ein Rentenversicherungsträger Festsetzungsstelle für die Beihilfe, gelten die Beiträge insoweit als gezahlt. Das gilt auch im Verhältnis der Rentenversicherungsträger untereinander.

Bezieher von Kranken- oder Verletztengeld oder Pflegeunterstützungsgeld, die in der knappschaftlichen Rentenversicherung versichert sind, tragen die Beiträge in Höhe des Prozentsatzes, den sie zu tragen hätten, wenn sie in der allgemeinen Rentenversicherung versichert wären. Im Übrigen tragen die Beiträge die Leistungsträger. Vorstehendes gilt für Bezieher von Vorruhestandsgeld, die in der knappschaftlichen Rentenversicherung versichert sind, entsprechend.

→ Arbeitgeberanteil bei Versicherungsfreiheit

Nach § 172 SGB VI tragen die Arbeitgeber für Beschäftigte, die versicherungsfrei sind wegen

1. des Bezugs einer Vollrente wegen Alters nach Ablauf des Monats, in dem die Regelaltersgrenze erreicht wurde,
2. der Bezug einer Versorgung,
3. des Erreichens der Regelaltersgrenze oder
4. einer Beitragserstattung,

die Hälfte des Beitrags, der zu zahlen wäre, wenn die Beschäftigten versicherungspflichtig wären. In der knappschaftlichen Rentenversicherung ist statt der Hälfte des Beitrags der auf den Arbeitgeber entfallende Beitragsanteil zu zahlen. Vorstehendes findet keine Anwendung auf versicherungsfrei geringfügig Beschäftigte und auf beschäftigte behinderte Menschen.

Für geringfügig entlohnte Beschäftigte (450-Euro-Kräfte), die in dieser Beschäftigung nach § 6 Abs. 1b SGB VI oder nach anderen Vorschriften von der Versicherungspflicht befreit oder versicherungsfrei sind, tragen die Arbeitgeber einen Beitragsanteil in Höhe von 15 % des Arbeitsentgelts, das beitragspflichtig wäre, wenn Versicherungspflicht vorläge. Dies gilt nicht für Personen, die während der Dauer eines Studiums als ordentliche Studierende einer Fachschule oder Hochschule ein Praktikum ableisten, das nicht in ihrer Studien- oder Prüfungsordnung vorgeschrieben ist.

An die Stelle des oben erwähnten Beitragssatzes für geringfügig entlohnte Beschäftigte von 15 % tritt bei geringfügig Beschäftigten im Haushalt ein solcher von 5 %.

Für Beschäftigte, die nach § 6 Abs. 1 Satz 1 Nr. 1 SGB VI (Mitglieder von berufsständischen Versicherungs- und Versorgungseinrichtungen) von der Versicherungspflicht befreit sind, tragen die Arbeitgeber die Hälfte des Beitrags zu einer berufsständischen Versorgungseinrichtung. Höchstens ist aber die Hälfte des Beitrags zu zahlen, der zu zahlen wäre, wenn die Beschäftigten von der Versicherungspflicht befreit worden wären (§ 172a SGB VI).

→ Weitere Bestimmungen über die Beitragspflicht

Die Beiträge sind von denjenigen, die sie zu tragen haben (Beitragsschuldner), unmittelbar an die Träger der Rentenversicherung zu zahlen (§ 173 SGB VI). Eine Ausnahme bilden hier die Beiträge für die Bezieher von Arbeitslosengeld II. Diese zahlen die BA oder die zugelassenen kommunalen Träger.

Für die Zahlung der Beiträge von Versicherungspflichtigen aus Arbeitsentgelt und von Hausgewerbetreibenden gelten die Vorschriften über den Gesamtsozialversicherungsbeitrag (§ 174 SGB VI). Dies gilt auch für die Beitragszahlung aus dem Arbeitseinkommen von Seelotsen, aus Vorruhestandsgeld sowie aus dem für Entwicklungshelfer und für im Ausland beschäftigte Deutsche.

Als Arbeitgeber gelten für die Beitragszahlung

- aus dem Arbeitseinkommen von Seelotsen die Lotsenbrüderschaften,
- aus Vorruhestandsgeld die zur Zahlung des Vorruhestandsgeldes Verpflichteten,
- aus dem für Entwicklungshelfer und für im Ausland beschäftigte Deutsche die antragstellenden Stellen.

Die Künstlersozialkasse zahlt gem. § 175 SGB VI für nachgewiesene Zeiten des Bezugs von Krankengeld, Verletztengeld, Versorgungskrankengeld, Übergangsgeld oder Mutterschaftsgeld sowie für nachgewiesene Anrechnungszeiten von Künstlern und Publizisten keine Beiträge. Zur Zahlung eines Beitrags für Künstler und Publizisten ist die Künstlersozialkasse nur insoweit verpflichtet, als diese ihren Beitragsanteil zur Rentenversicherung nach dem Künstlersozialversicherungsgesetz an die Künstlersozialkasse gezahlt haben.

Mit der **Beitragszahlung** und der **Abrechnung bei Bezug von Sozialleistungen, bei Leistungen im Eingangsverfahren und im Berufsbildungsbereich anerkannter Werkstätten für behinderte Menschen** beschäftigt sich § 176 SGB VI. Hier zahlen die Leistungsträger die Beiträge. Das Nähere über Zahlung und Abrechnung der Beiträge für Bezieher von Sozialleistungen können die Leistungsträger und die Rentenversicherungsträger durch Vereinbarung regeln.

Ist ein Rentenversicherungsträger gleichzeitig Rehabilitationsträger, gelten die entsprechenden Beiträge als gezahlt.

Auch in Zusammenhang mit der Beitragszahlung für Pflegepersonen regeln die beteiligten Institutionen die Einzelheiten (§ 176a SGB VI).

§ 176a SGB VI gilt für Bezieher von Pflegeunterstützungsgeld entsprechend.

Mit der **Beitragszahlung** für **Kindererziehungszeiten** beschäftigt sich § 177 SGB XI. Diese Beiträge werden vom Bund gezahlt.

Im Übrigen zahlt der Bund **Zuschüsse** (§§ 213 bis 215 SGB VI).

VIII. Leistungen

1. Leistungsgrundsätze

In Kapitel I wurde bereits § 23 SGB I erwähnt, der in seinem Absatz 1 einen **Leistungskatalog** vorsieht. Danach können nach dem Recht der gesetzlichen Rentenversicherung einschließlich der Alterssicherung der Landwirte in Anspruch genommen werden:

1. in der gesetzlichen Rentenversicherung:
   a) Leistungen zur Prävention, Leistungen zur medizinischen Rehabilitation, Leistungen zur Teilhabe am Arbeitsleben, Leistungen zur Nachsorge sowie sonstige Leistungen zur Teilhabe einschließlich wirtschaftlicher Hilfen,
   b) Renten wegen Alters, Renten wegen verminderter Erwerbsfähigkeit und Knappschaftsausgleichsleistung,
   c) Renten wegen Todes,
   d) Witwen- und Witwerrentenabfindungen sowie Beitragserstattungen,
   e) Zuschüsse zu den Aufwendungen für die Krankenversicherung,
   f) Leistungen für Kindererziehung,
2. in der Alterssicherung der Landwirte:
   a) Leistungen zur Prävention, Leistungen zur medizinischen Rehabilitation, Leistungen zur Nachsorge sowie ergänzende und sonstige Leistungen zur Teilhabe einschließlich Betriebs- oder Haushaltshilfe,
   b) Renten wegen Erwerbsminderung und Alters,
   c) Renten wegen Todes,
   d) Beitragszuschüsse,
   e) Betriebs- und Haushaltshilfe oder sonstige Leistungen zur Aufrechterhaltung des Unternehmens der Landwirtschaft.

Sowohl bei den Leistungen zur medizinischen Rehabilitation und zur Teilhabe am Arbeitsleben als auch bei den Rentenleistungen spielt die **Wartezeiterfüllung** eine besondere Rolle. Die Wartezeiten werden in den §§ 50 bis 53 SGB VI geregelt. § 50 SGB VI zählt die Arten der Wartezeiten auf.

So wird hier zunächst bestimmt, dass die Erfüllung der allgemeinen Wartezeit von fünf Jahren Voraussetzung für einen Anspruch auf

- Regelaltersrente,
- Rente wegen verminderter Erwerbsfähigkeit und

- Rente wegen Todes

ist.

Die allgemeine Wartezeit gilt als erfüllt für einen Anspruch auf

- Regelaltersrente, wenn der Versicherte bis zum Erreichen der Regelaltersgrenze eine Rente wegen verminderter Erwerbsfähigkeit oder eine Erziehungsrente bezogen hat,
- Hinterbliebenenrente, wenn der verstorbene Versicherte bis zum Tode eine Rente bezogen hat.

Die Erfüllung der Wartezeit von 20 Jahren ist Voraussetzung für einen Anspruch auf Rente wegen voller Erwerbsminderung an Versicherte, die die allgemeine Wartezeit vor Eintritt der vollen Erwerbsminderung nicht erfüllt haben.

Die Erfüllung der Wartezeit von 25 Jahren ist Voraussetzung für einen Anspruch auf

- Altersrente für langjährig unter Tage beschäftigte Bergleute und
- Rente für Bergleute vom 50. Lebensjahr an.

Die Erfüllung der Wartezeit von 35 Jahren ist Voraussetzung für einen Anspruch auf

- Altersrente für langjährig Versicherte und
- Altersrente für schwerbehinderte Menschen.

Seit 1. 1. 2012 bestimmt § 50 Abs. 5 SGB VI, dass die Erfüllung der Wartezeit von 45 Jahren Voraussetzung für einen Anspruch auf Altersrente für besonders langjährig Versicherte ist.

Nach § 11 Abs. 1 SGB VI haben Versicherte für Leistungen zur Teilhabe (Rehabilitationsmaßnahmen) die versicherungsrechtlichen Voraussetzungen erfüllt, die bei Antragstellung

- die Wartezeit von 15 Jahren erfüllt haben oder
- eine Rente wegen verminderter Erwerbsfähigkeit beziehen.

Unter bestimmten Voraussetzungen (z. B. bei Arbeitsunfällen) gilt die Wartezeit als vorzeitig erfüllt (vgl. § 53 SGB VI).

Für die Leistungen zur Prävention und zur medizinischen Rehabilitation haben Versicherte gem. § 11 Abs. 2 SGB VI die versicherungsrechtlichen Voraussetzungen auch erfüllt, die

- in den letzten zwei Jahren vor der Antragstellung sechs Kalendermonate mit Pflichtbeiträgen für eine versicherte Beschäftigung oder Tätigkeit haben,
- innerhalb von zwei Jahren nach Beendigung einer Ausbildung eine versicherungspflichtige Beschäftigung oder selbstständige Tätigkeit aufgenommen und bis zum Antrag ausgeübt haben oder nach einer solchen Beschäftigung oder Tätigkeit bis zum Antrag arbeitsunfähig oder arbeitslos gewesen sind oder
- vermindert erwerbsfähig sind oder bei denen dies in absehbarer Zeit zu erwarten ist, wenn sie die allgemeine Wartezeit erfüllt haben.

Auf die allgemeine Wartezeit und auf die Wartezeit von 20 Jahren werden Kalendermonate mit Beitragszeiten angerechnet (§ 51 Abs. 1 SGB VI). Hierzu zählen auch freiwillige Beiträge (vgl. § 55 SGB VI).

Auf die Wartezeit von 25 Jahren werden Kalendermonate mit Beitragszeiten auf Grund einer Beschäftigung mit ständigen Arbeiten unter Tage angerechnet (§ 51 Abs. 2 SGB VI).

Auf die Wartezeit von 35 Jahren werden alle Kalendermonate mit rentenrechtlichen Zeiten angerechnet (§ 51 Abs. 3 SGB VI). Den Begriff der rentenrechtlichen Zeiten regelt § 54 SGB VI. Dazu zählen z. B. als Berücksichtigungszeiten die Zeit der Erziehung eines Kindes bis zu dessen vollendetem zehntem Lebensjahr (§ 57 SGB VI). Hierzu zählen aber auch Anrechnungszeiten. Dabei handelt es sich gem. § 58 SGB VI z. B. um Zeiten, in denen Versicherte wegen Krankheit arbeitsunfähig gewesen sind oder Leistungen zur medizinischen Rehabilitation oder zur Teilhabe am Arbeitsleben erhalten haben. Dazu zählen aber auch Zeiten, in denen Versicherte wegen Schwangerschaft oder Mutterschaft während der Schutzfristen nach dem Mutterschutzgesetz (MuSchG) eine versicherte Beschäftigung oder selbstständige Tätigkeit nicht ausgeübt haben.

Rentenrechtliche Zeiten sind auch **Kindererziehungszeiten** in den ersten drei Lebensjahren des Kindes (§ 56 SGB VI). Auch die Zurechnungszeit ist eine rentenrechtliche Zeit. Dies ist die Zeit, die bei einer Rente wegen Erwerbsminderung oder einer Rente wegen Todes hinzugerechnet wird, wenn der Versicherte das 60. Lebensjahr noch nicht vollendet hat. Auch Ersatzzeiten werden berücksichtigt. Dabei handelt es sich beispielsweise um Zeiten der Vertreibung usw. Einzelheiten hierüber finden sich in § 250 SGB VI.

2. Leistungen zur Teilhabe

Die Leistungen zur Teilhabe der GRV werden in den §§ 9 bis 32 SGB VI geregelt. Nach § 9 Abs. 1 SGB VI erbringt die GRV Leistungen zur Prävention, Leistungen zur medizinischen Rehabilitation, Leistungen zur Teilhabe am Arbeitsleben sowie ergänzende Leistungen, um

- den Auswirkungen einer Krankheit oder einer körperlichen, geistigen oder seelischen Behinderung auf die Erwerbsfähigkeit der Versicherten entgegenzuwirken oder sie zu überwinden und
- dadurch Beeinträchtigungen der Erwerbsfähigkeit der Versicherten oder ihr vorzeitiges Ausscheiden aus dem Erwerbsleben zu verhindern oder sie möglichst dauerhaft in das Erwerbsleben einzugliedern.

Die Leistungen zur Teilhabe haben Vorrang vor Rentenleistungen, die bei erfolgreichen Leistungen zur Teilhabe nicht oder voraussichtlich erst zu einem späteren Zeitpunkt zu erbringen sind.

Um Leistungen zur Teilhabe zu erhalten, müssen die persönlichen und versicherungsrechtlichen Voraussetzungen erfüllt sein (§ 9 Abs. 2 SGB VI).

Bezüglich der versicherungsrechtlichen Voraussetzungen wird auf die Ausführungen in Abschnitt 1 verwiesen. Die persönlichen Voraussetzungen haben Versicherte erfüllt,

1. deren Erwerbsfähigkeit wegen Krankheit oder körperlicher, geistiger oder seelischer Behinderung erheblich gefährdet oder gemindert ist und
2. bei denen voraussichtlich
   a) bei erheblicher Gefährdung der Erwerbsfähigkeit eine Minderung der Erwerbsfähigkeit durch Leistungen zur medizinischen Rehabilitation oder zur Teilhabe am Arbeitsleben abgewendet werden kann,
   b) bei geminderter Erwerbsfähigkeit diese durch Leistungen zur medizinischen Rehabilitation oder zur Teilhabe am Arbeitsleben wesentlich gebessert oder wiederhergestellt oder hierdurch deren wesentliche Verschlechterung abgewendet werden kann,
   c) bei teilweiser Erwerbsminderung ohne Aussicht auf eine wesentliche Besserung der Erwerbsfähigkeit der Arbeitsplatz durch Leistungen zur Teilhabe am Arbeitsleben.
      aa) der bisherige Arbeitsplatz erhalten werden kann oder
      bb) ein anderer in Aussicht stehender Arbeitsplatz verlangt werden kann, wenn die Erhaltung des bisherigen Arbeitsplatzes nach Feststellung des Trägers der Rentenversicherung nicht möglich ist.

Sonderregelungen gelten in diesem Zusammenhang für im Bergbau Beschäftigte.

Während der Gewährung der Leistungen zur Teilhabe besteht unter Umständen ein Anspruch auf Übergangsgeld (§§ 20, 21 SGB VI). Außerdem werden sog. ergänzende Leistungen gewährt (vgl. § 28 SGB VI). Hier geht es z. B. um Reisekosten, Betriebs- oder Haushaltshilfe, Kinderbetreuungskosten. Sonstige Leistungen zur Teilhabe können z. B. Leistungen zur Eingliederung von Versicherten in das Erwerbsleben sowie Leistungen zur onkologischen Nachsorge für Versicherte, Rentenbezieher und ihre jeweiligen Angehörigen sein. Außerdem kommen Zuwendungen für Einrichtungen in Frage, die auf dem Gebiet der Rehabilitation forschen oder die Rehabilitation fördern. Rechtsgrundlage ist § 31 SGB VI.

Bei Leistungen zur medizinischen Rehabilitation und bei sonstigen Leistungen haben Versicherte, die das achtzehnte Lebensjahr vollendet haben und stationäre Leistungen in Anspruch nehmen, nach näherer Vorschrift des § 32 SGB VI Zuzahlungen zu erbringen.

Die Leistungen zur Teilhabe wurden auf Antrag auch als Teil eines trägerübergreifenden persönlichen Budgets erbracht. § 13 Abs. 1 SGB VI verweist hier auf die entsprechenden Vorschriften des Neunten Buches Sozialgesetzbuch (SGB IX: Rehabilitation und Teilhabe behinderter Menschen).

3. Rentenleistungen

Wie in Abschnitt 2 bereits ausgeführt, werden Renten wegen Alters, verminderter Erwerbsfähigkeit oder wegen Todes geleistet (vgl. dazu auch § 33 Abs. 1 SGB VI).

Nach § 33 Abs. 2 SGB VI werden Renten wegen Alters geleistet als

- Regelaltersrente,
- Altersrente für langjährig Versicherte,
- Altersrente für schwerbehinderte Menschen,
- Altersrente für besonders langjährig Versicherte,
- Altersrente für langjährig unter Tage beschäftigte Bergleute,
- Altersrente wegen Arbeitslosigkeit oder nach Altersteilzeitarbeit,
- Altersrente für Frauen.

Der Anspruch auf die Regelaltersrente setzt voraus, dass die Regelaltersgrenze erreicht und die allgemeine Wartezeit erfüllt ist (§ 35 SGB VI).

Die Regelaltersgrenze wird mit Vollendung des 67. Lebensjahres erreicht.

Die Regelaltersgrenze wurde stufenweise angehoben.

Versicherte, die vor dem 1. Januar 1964 geboren sind, haben frühestens Anspruch auf Altersrente für langjährig Versicherte, wenn sie

1. das 65. Lebensjahr vollendet und
2. die Wartezeit von 35 Jahren erfüllt haben.

Die vorzeitige Inanspruchnahme dieser Altersrente ist nach Vollendung des 63. Lebensjahres möglich.

Versicherte, die vor dem 1. Januar 1949 geboren sind, haben Anspruch auf diese Altersrente nach Vollendung des 65. Lebensjahres. Für Versicherte, die nach dem 31. Dezember 1948 geboren sind, wird die Altersgrenze von 65 Jahren wie folgt angehoben:

Versicherte Geburtsjahr Geburtsmonat	Anhebung um Monate	Auf Alter	
		Jahr	Monat
1949			
Januar	1	65	1
Februar	2	65	2
März – Dezember	3	65	3
1950	4	65	4
1951	5	65	5
1952	6	65	6
1953	7	65	7
1954	8	65	8
1955	9	65	9
1956	10	65	10
1957	11	65	11
1958	12	66	0
1959	14	66	2
1960	16	66	4
1961	18	66	6
1962	20	66	8
1963	22	66	10

Für Versicherte, die

1. vor dem 1. Januar 1955 geboren sind und vor dem 1. Januar 2007 Altersteilzeitarbeit im Sinne der §§ 2 und 3 Abs. 1 Nr. 1 des Altersteilzeitgesetzes vereinbart haben oder
2. Anpassungsgeld für entlassene Arbeitnehmer des Bergbaus bezogen haben,

wird die Altersgrenze von 65 Jahren nicht angehoben.

Für Versicherte, die

- nach dem 31. Dezember 1947 geboren sind und entweder

  a) vor dem 1. Januar 1955 geboren sind und vor dem 1. Januar 2007 Altersteilzeitarbeit im Sinne der §§ 2 und 3 Abs. 1 Nr. 1 des Altersteilzeitgesetzes vereinbart haben
  oder

  b) Anpassungsgeld für entlassene Arbeitnehmer des Bergbaus bezogen haben,

bestimmt sich die Altersgrenze für die vorzeitige Inanspruchnahme wie folgt:

Versicherte Geburtsjahr Geburtsmonat	Vorzeitige Inanspruchnahme möglich ab Alter	
	Jahr	Monat
1948		
Januar – Februar	62	11
März – April	62	10
Mai – Juni	62	9
Juli – August	62	8
September – Oktober	62	7
November – Dezember	62	6
1949		
Januar – Februar	62	5
März – April	62	4
Mai – Juni	62	3
Juli – August	62	2
September – Oktober	62	1
November – Dezember	62	0
1950 – 1963	62	0.

→ Altersrente wegen Arbeitslosigkeit oder nach Altersteilzeitarbeit

Voraussetzungen: Geburt vor dem 1. 1. 1952, Vollendung des 60. Lebensjahres, falls der Berechtigte entweder

a) bei Beginn der Rente arbeitslos und nach Vollendung eines Lebensalters von 58 Jahren und sechs Monaten insgesamt 52 Wochen arbeitslos war, oder der Anpassungsgeld für entlassene Arbeitnehmer des Bergbaus bezogen hat oder

b) die Arbeitszeit auf Grund von Altersteilzeitarbeit im Sinne des ATG für mindestens 24 Kalendermonate vermindert ist (§ 237 SGB VI).

Außerdem müssen in den letzten zehn Jahren vor Rentenbeginn acht Jahre Pflichtbeiträge für eine versicherte Beschäftigung oder Tätigkeit gezahlt worden sein. Die Wartezeit von 15 Jahren muss der Betreffende erfüllt haben.

Die Altersgrenze von 60 Jahren wird bei Altersrenten nach Arbeitslosigkeit oder nach Altersteilzeitarbeit für Versicherte, die nach dem 31.12.1936 geboren sind, angehoben. Die vorzeitige Inanspruchnahme einer solchen Altersrente ist möglich. Die Anhebung der Altersgrenzen und die Möglichkeit der vorzeitigen Inanspruchnahme der Altersrenten bestimmen sich nach Anlage 19 zum SGB VI.

Eine Neugewährung dieser Altersrente kommt heute wegen Zeitablaufs nicht mehr in Frage.

→ Altersrente für Frauen

Voraussetzungen: Geburt vor dem 1.1.1952, Vollendung des 60. Lebensjahres, nach Vollendung des 40. Lebensjahres mehr als zehn Jahre Pflichtbeiträge für eine versicherte Beschäftigung oder Tätigkeit, Erfüllung der Wartezeit von 15 Jahren.

Die Altersgrenze von 60 Jahren wird bei Altersrenten für Frauen für Versicherte, die nach dem 31.12.1939 geboren sind, angehoben. Die vorzeitige Inanspruchnahme einer solchen Altersrente ist möglich. Die Anhebung der Altersgrenzen und die Möglichkeit der vorzeitigen Inanspruchnahme der Altersrenten bestimmen sich nach Anlage 20 zum SGB V. Vgl. im Übrigen den Text des § 237a SGB VI.

Besonderheiten gelten in Zusammenhang mit der Altersrente für langjährig unter Tage beschäftigte Bergleute (§ 238 SGB VI) und für den Anspruch auf die Knappschaftsausgleichsleistung (§ 239 SGB VI).

Eine Neugewährung dieser Altersrente kommt heute wegen Zeitablaufs nicht mehr in Frage.

→ Altersrente für schwerbehinderte Menschen

Versicherte, die vor dem 1.1.1964 geboren sind, haben frühestens Anspruch auf Altersrente für schwerbehinderte Menschen, wenn sie

1. das 63. Lebensjahr vollendet haben,
2. bei Beginn der Altersrente als schwerbehinderte Menschen anerkannt sind und
3. die Wartezeit von 35 Jahren erfüllt haben.

Die vorzeitige Inanspruchnahme dieser Altersrente ist frühestens nach Vollendung des 60. Lebensjahres möglich.

Versicherte, die vor dem 1.1.1952 geboren sind, hatten Anspruch auf diese Altersrente nach Vollendung des 63. Lebensjahres. Für sie war die vorzeitige Inanspruchnahme nach Vollendung des 60. Lebensjahres möglich. Für Versicherte, die nach dem 31.12.1951 geboren sind, ist die Altersgrenze von 63 Jahren und die Altersgrenze für die vorzeitige Inanspruchnahme schrittweise angehoben worden (vgl. dazu Tabelle in § 236a SGB VI). Im Übrigen wird auf den weiteren Text des § 236a SGB VI verwiesen.

→ Altersrente für besonders langjährig Versicherte

§ 38 SGB VI bestimmt, dass Versicherte Anspruch auf Altersrente für besonders langjährig Versicherte haben, wenn sie

- das 65. Lebensjahr vollendet und
- die Wartezeit von 45 Jahren erfüllt

haben.

Nach § 236b SGB VI haben Versicherte, die vor dem 1.1.1964 geboren sind, frühestens Anspruch auf Altersrente für besonders langjährig Versicherte, wenn sie das 63. Lebensjahr vollendet und die Wartezeit von 45 Jahren erfüllt haben.

Versicherte, die vor dem 1.1.1953 geboren sind, hatten Anspruch auf diese Altersrente nach Vollendung des 63. Lebensjahres. Für Versicherte, die nach dem 31.12.1953 geboren sind, wurde die Altersgrenze angehoben (vgl. Tabelle in § 236b Abs. 2 SGB VI).

Der Anspruch des Versicherten auf eine Altersrente ist gem. § 41 SGB VI nicht als ein Grund anzusehen, der die **Kündigung eines Arbeitsverhältnisses** durch den Arbeitgeber nach dem Kündigungsschutzgesetz bedingen kann. Eine Vereinbarung, die die Beendigung des Arbeitsverhältnisses eines Arbeitnehmers ohne Kündigung zu einem Zeitpunkt vorsieht, in dem der Arbeitnehmer vor Erreichen der Regelaltersgrenze eine Rente wegen Alters beantragen kann, gilt dem Arbeitnehmer gegenüber als auf das Erreichen der Regelaltersgrenze abgeschlossen. Das gilt nur dann nicht, wenn die Vereinbarung innerhalb der letzten drei Jahre vor diesem Zeitpunkt abgeschlossen oder von dem Arbeitnehmer bestätigt worden ist.

Sieht eine Vereinbarung die Beendigung des Arbeitsverhältnisses mit dem Erreichen der Regelaltersgrenze vor, können die Arbeitsvertragsparteien durch Vereinbarung während des Arbeitsverhältnisses den Beendigungszeitpunkt, gegebenenfalls auch mehrfach, hinausschieben.

Die Altersrenten können gem. § 42 SGB VI in voller Höhe (Vollrente) oder als Teilrente in Anspruch genommen werden. Eine unabhängig vom Hinzuverdienst[48] gewährte Teilrente beträgt mindestens 10 % der Vollrente. Sie kann höchstens in der Höhe in Anspruch genommen werden, die sich nach Anwendung von § 34 Abs. 3 SGB VI ergibt. Wird nach dieser Vorschrift die Hinzuverdienstgrenze überschritten, besteht ein Anspruch auf Teilrente. Die Hinzuverdienstgrenze beläuft sich auf 6300 Euro im Jahr (525 Euro im Monat).

Versicherte, die wegen der beabsichtigten Inanspruchnahme einer Teilrente ihre Arbeitsleistung einschränken wollen, können von ihrem Arbeitgeber verlangen, dass er mit ihnen die Möglichkeiten einer solchen Einschränkung erörtert. Macht der Versicherte dazu für seinen Arbeitsbereich Vorschläge, hat der Arbeitgeber zu diesen Vorschlägen Stellung zu nehmen.

→ Renten wegen verminderter Erwerbsfähigkeit

Es wird eine zweistufige Erwerbsminderungsrente gewährt. Es wird dabei zwischen der Rente wegen teilweiser Erwerbsminderung und der Rente wegen voller Erwerbsminderung unterschieden. Rechtsgrundlage ist § 43 SGB VI. Besonderheiten gelten in diesem Zusammenhang für Bergleute (§ 45 SGB VI).

Nach § 43 Abs. 1 SGB VI haben Versicherte bis zum Erreichen der Regelaltersgrenze Anspruch auf Rente wegen **teilweiser Erwerbsminderung**, wenn sie

- teilweise erwerbsgemindert sind,
- in den letzten fünf Jahren vor Eintritt der Erwerbsminderung drei Jahre Pflichtbeiträge für eine versicherte Beschäftigung oder Tätigkeit geleistet haben und
- vor Eintritt der Erwerbsminderung die allgemeine Wartezeit erfüllt haben.

Teilweise erwerbsgemindert sind Versicherte, die wegen Krankheit oder Behinderung auf nicht absehbare Zeit außerstande sind, unter den üblichen Bedingungen des allgemeinen Arbeitsmarktes mindestens sechs Stunden täglich erwerbstätig zu sein.

48 Einzelheiten zu den Hinzuverdienstgrenzen ergeben sich aus Band 178 der RdW-Schriftenreihe „Aushilfskräfte“. Dort werden auch die Hinzuverdienstgrenzen bei den Erwerbsminderungsrenten sowie den Berufs- und Erwerbsunfähigkeitsrenten behandelt (vgl. dazu auch die noch folgenden Ausführungen).

Auf Grund des § 43 Abs. 2 SGB VI haben Versicherte bis zur Vollendung der Regelaltersgrenze Anspruch auf Rente wegen voller Erwerbsminderung, wenn sie

- voll erwerbsgemindert sind und
- im Übrigen die gleichen Voraussetzungen wie in Zusammenhang mit der teilweisen Erwerbsminderung beschrieben erfüllen.

Voll erwerbsgemindert sind Versicherte, die wegen Krankheit oder Behinderung auf nicht absehbare Zeit außerstande sind, unter den üblichen Bedingungen des allgemeinen Arbeitsmarktes mindestens drei Stunden täglich erwerbstätig zu sein. Sonderregelungen gelten beispielsweise für Behinderte. Erwerbsgemindert ist im Übrigen nicht, wer unter den üblichen Bedingungen des allgemeinen Arbeitsmarktes mindestens sechs Stunden täglich erwerbstätig sein kann. Dabei ist die jeweilige Arbeitsmarktlage nicht zu berücksichtigen.

Neben den Erwerbsminderungsrenten gibt es heute auch noch Berufs- und Erwerbsunfähigkeitsrenten. Am 31. 12. 2000 bestandene Ansprüche bleiben bestehen. Außerdem gibt es die Rente wegen teilweiser Erwerbsminderung bei Berufsunfähigkeit (§ 240 SGB VI). Anspruch auf Rente wegen teilweiser Erwerbsminderung haben bei Erfüllung der sonstigen Voraussetzungen bis zur Vollendung des 65. Lebensjahres auch Versicherte, die vor dem 2. 1. 1961 geboren und berufsunfähig sind.

Berufsunfähig sind Versicherte, deren Erwerbsfähigkeit wegen Krankheit oder Behinderung im Vergleich zur Erwerbsfähigkeit von körperlich, geistig und seelisch gesunden Versicherten mit ähnlicher Ausbildung und gleichwertigen Kenntnissen und Fähigkeiten auf weniger als sechs Stunden gesunken ist. Der Kreis der Tätigkeit, nach welcher die Erwerbsfähigkeit von Versicherten zu beurteilen ist, umfasst alle Tätigkeiten, die ihren Kräften und Fähigkeiten entsprechen und ihnen unter Berücksichtigung der Dauer und des Umfangs ihrer Ausbildung sowie ihres bisherigen Berufs und der besonderen Anforderungen ihrer bisherigen Berufstätigkeit zugemutet werden können. Zumutbar ist stets eine Tätigkeit, für die die Versicherten durch Leistungen zur Teilhabe am Arbeitsleben mit Erfolg ausgebildet oder umgeschult worden sind. Berufsunfähig ist nicht, wer eine zumutbare Tätigkeit mindestens sechs Stunden täglich ausüben kann. Dabei ist die jeweilige Arbeitsmarktlage nicht zu berücksichtigen.

Auch bei den Erwerbsminderungsrenten, den Berufs- und Erwerbsunfähigkeitsrenten sowie bei den Renten wegen teilweiser Erwerbsminderung bei Berufsunfähigkeit gibt es Hinzuverdienstgrenzen.

Neue Grundrente ab 1. 1. 2021

Das Gesetz zur Einführung der Grundrente – vom 12. 8. 2020 (BGBl. I S. 18799) – für langjährige Versicherung in der gesetzlichen Rentenversicherung mit unterdurchschnittlichem Einkommen und für weitere Maßnahmen zur Erhöhung der Alterseinkommen (Grundrentengesetz – GrundRentG) sieht die Einführung der Grundrente zum 1. 1. 2021 vor.

Alle Rentner mit einer sehr geringen Rente werden ab 2021 einen Zuschlag von bis zu 404,86 Euro brutto (360,73 Euro netto) zusätzlich zu der seitherigen Altersrente erhalten. Somit sind die Empfänger von Minirenten nicht mehr ausschließlich auf die Grundsicherung für Rentner angewiesen. Langjährig Versicherte mit einem durchschnittlich versicherten Einkommen von weniger als 80 Prozent des Durchschnittseinkommens können unter Umständen einen individuellen Zuschlag zu ihrer Rente erhalten.

Für die 2003 eingeführte *Grundsicherung* ist ein Antrag erforderlich und das gesamte Vermögen muss offengelegt werden. Nach Angaben des Statistischen Bundesamts bezogen im Jahr 2018 550 000 Rentner in Deutschland diese Grundsicherung.

Bei der neuen Grundrente sind ein Antrag und die vollständige Offenlegung des Vermögens nicht erforderlich. Zusätzliche Einkünfte aus Mieteinnahmen, betrieblicher oder privater Altersvorsorge werden hier berücksichtigt. Die Prüfung erfolgt sowohl für diejenigen von Amts wegen, die bereits Rente bekommen, als auch für jene Rentnerinnen und Rentner, deren Rente nach dem 31. Dezember 2020 beginnt. Der Grundrentenzuschlag wird für alle Rentenarten gezahlt, also für Altersrenten, Renten an Hinterbliebene (Witwen- und Witwerrenten) sowie Erwerbsminderungsrenten.

Des Weiteren muss mindestens 33 Jahre lang in die Rentenversicherung eingezahlt worden sein. Folgende Zeiten werden hier berücksichtigt:

- Pflichtbeiträge aus Berufstätigkeit oder Selbstständigkeit,
- Pflichtbeitragszeiten für Kindererziehung und Pflege,
- Zeiten der Leistungen bei Krankheit oder Rehabilitation,
- Berücksichtigungszeiten wegen Kindererziehung und Pflege,
- Ersatzzeiten (das sind zum Beispiel Zeiten des Kriegsdienstes, der Kriegsgefangenschaft oder der politischen Haft in der DDR.)

Folgende Zeiten zählen nicht zu den Grundrentenzeiten:

- Zeiten des Bezuges von Arbeitslosengeld I und II,
- Zeiten der Schulausbildung,

- → die Zurechnungszeit, also der für die Rente fiktiv verlängerte Versicherungsverlauf zur Erhöhung einer Erwerbsminderungsrente oder einer Rente wegen Todes sowie
- → freiwillige Beiträge und
- → Zeiten einer geringfügigen Beschäftigung (Minijob) ohne eigene Beitragszahlung.

Bei der Grundrente ist eine Staffelung vorgesehen. Nach 35 Beitragsjahren ist die volle Höhe erreicht. Der Zuschlag wird individuell berechnet. Kurz gesagt, es werden die Entgeltpunkte erhöht, auf deren Basis die Rente errechnet wird.

In einem ersten Schritt wird ermittelt, ob genügend Grundrentenzeiten für einen Anspruch auf Grundrente vorhanden sind. Also mindestens 33 Jahre, oder besser noch mindestens 35 Jahre, damit der Zuschlag in voller Höhe ausgezahlt werden kann.

Im zweiten Schritt werden dann aus allen im Rentenkonto gespeicherten Grundrentenzeiten – das können auch mehr als 35 Jahre sein – die Zeiten herausgesucht, in denen mindestens 30 Prozent des Durchschnittsverdienstes versichert wurden. Das können jetzt auch weniger als 33 Jahre sein. Nur aus diesen Zeiten wird ein Zuschlag errechnet.

Dazu werden für diese Zeiten die ihnen zugeordneten Entgeltpunkte zusammengerechnet und hieraus ein Durchschnittswert gebildet. Dieser Durchschnittswert wird verdoppelt. Kommt man nach dieser Verdoppelung auf mehr als 0,8 Entgeltpunkte pro Jahr, wird der Wert auf 0,8 begrenzt. Wird begrenzt, beträgt der Wert für den Zuschlag 0,8 Entgeltpunkte minus Durchschnittswert. Danach werden von dem so errechneten Zuschlag noch pauschal 12,5 Prozent abgezogen. So ergibt sich zum Schluss der Jahreswert, der als Zuschlag für höchstens 35 Jahre berechnet, also höchstens mit 35 multipliziert wird.

Die Staffelung des Zuschlags bei Grundrentenzeiten von 33 bis 35 Jahren erfolgt über den Begrenzungswert. Er beträgt bei 33 Jahren 0,4 Entgeltpunkte, also 40 Prozent des Durchschnittsverdienstes und erhöht sich gleichmäßig auf 0,8 Entgeltpunkte, also 80 Prozent des Durchschnittsverdienstes bei 35 und mehr Jahren.

Ein unterdurchschnittliches Altersrenteneinkommen liegt vor, wenn bei Alleinstehenden 1250 Euro und bei Paaren 1950 Euro nicht überschritten werden. Hier wird dann die volle Grundrente gewährt. Bei dem Überschreiten der genannten Einkommensgrenzen werden Abzüge vorgenommen.

Die Rentenversicherung erhält über die Finanzämter die erforderlichen Daten. Somit ist kein Antrag erforderlich und die Auszahlung der Grundrente erfolgt automatisch.

Der Anspruch auf die Grundrente ist nicht an einen Wohnsitz in Deutschland gebunden. Somit ist auch eine Zahlung ins Ausland möglich. Allerdings wird ausländisches Einkommen angerechnet. Lebt die Person in Deutschland, wird das Finanzamt auch dieses Einkommen automatisch an die Deutsche Rentenversicherung melden. Wenn die Person im Ausland lebt, wird das anrechenbare Einkommen nicht vom Finanzamt gemeldet. Die Deutsche Rentenversicherung wird die erforderlichen Angaben zum Einkommen daher anfordern.

Die Deutsche Rentenversicherung beginnt voraussichtlich ab Juli 2021 mit der Versendung der Grundrentenbescheide für Rentnerinnen und Rentner, die erstmals ab diesem Zeitpunkt eine Rente erhalten. Alle anderen bekommen ihre Bescheide voraussichtlich bis Ende 2022.

Es werden die Beträge, auf die ab Januar 2021 ein Anspruch besteht, in allen Fällen nachgezahlt.

Die Gründe für diese langen Bearbeitungszeiten liegen in dem erheblichen Verwaltungsaufwand, der mit der Einführung der Grundrente verbunden ist.

Im Einführungsjahr 2021 wird mit Mehrausgaben für die Grundrente in Höhe von 1,3 Milliarden Euro gerechnet. Bis 2025 soll sich dieser Wert auf 1,9 Milliarden erhöhen. Dabei ist keine Beitragserhöhung der Rentenversicherung geplant.

In Medienberichten gibt es Überlegungen, ob die geplante Finanztransaktionssteuer auf Börsengeschäfte die Kosten decken könnte. Allerdings gibt es hier noch keine Klärung zur Umsetzung. Klar ist nur, dass Steuermittel dafür genutzt werden, aber Genaueres ist bisher nicht geklärt worden.

Kritiker äußern die Bedenken, dass die neue Grundrente zu wenig ist, um die Altersarmut zielführend zu bekämpfen. Das Vorhaben sei zu teuer. FDP-Politiker äußerten sich, dass Menschen benachteiligt werden, die weniger als 33 Jahre gearbeitet aber in Summe mehr eingezahlt haben.

Auch die Rentenversicherung zeigt Mängel auf. Es wird bei der Berechnung nicht zwischen einem niedrigen Einkommen aufgrund von Teilzeitarbeit und niedrigen Löhnen auf der anderen Seite unterschieden. Der Vorgang des Datenaustausches mit den Finanzämtern ist aufwendig und die exakte Vorgehensweise noch nicht vollständig festgelegt.

4. Zusätzliche Absicherung (sog. Riester-Rente)

Um die gesetzliche Rentenversicherung weiterhin finanzieren zu können, war es notwendig geworden, das Rentenniveau abzusenken. Um trotzdem zu einer ausreichenden Absicherung für das Alter zu kommen, sahen gesetzliche Neuregelungen zum 1.1.2002 eine staatlich geförderte private Absicherung vor. Rechtsgrundlage für diese Regelung ist insbesondere das Altersvermögensgesetz (AVmG) vom 26.6.1991[49]. Ergänzt wird dieses Gesetz durch das Altersvermögensergänzungsgesetz (AVmEG), das bereits mit Datum von 21.3.2001[50] erlassen worden ist.

Allgemein wird hier von der Rentenreform 2002 gesprochen, da die Regelungen im Wesentlichen am 1.1.2002 in Kraft getreten sind. Kernstück der Reform ist, dass sich die Rentenversicherten zusätzlich zu ihrer gesetzlichen Versicherung an **privaten Versorgungsformen** beteiligen und dafür Beitragszahlungen erbringen. Auf den ersten Blick stellt dies keine Neuerung dar. Praktisch gab es schon immer die Möglichkeit, die gesetzliche Rente durch private Versorgungsformen zu ergänzen. Neu ist aber, dass die private Absicherung **staatlich gefördert** wird. Dabei handelt es sich um eine Förderung der „zusätzlichen kapitalgedeckten Altersvorsorge“. Dabei wird zwischen der privaten und der betrieblichen Altersvorsorge unterschieden.

Die Förderregelungen finden sich im Wesentlichen im EStG. Dort ist ein § 10a eingefügt worden, der die Überschrift trägt: „Zusätzliche Altersvorsorge“. Hier wird zunächst bestimmt, dass in der gesetzlichen Rentenversicherung einschließlich der für den jeweiligen Veranlagungszeitraum festgelegten Zulage (vgl. dazu die noch folgenden Ausführungen) Beiträge zu einer zusätzlichen Altersvorsorge in bestimmter Höhe erbracht werden können. Dabei wird zwischen den einzelnen Veranlagungszeiträumen unterschieden.

Beiträge zu einer zusätzlichen Altersvorsorge werden seit 2008 jährlich bis zu 4,0 % der **Beitragsbemessungsgrenze der Rentenversicherung** gefördert. Angesprochen ist die Bemessungsgrenze West. Bis zu diesen Beträgen ist steuerlich ein Abzug als Sonderausgaben möglich.

2022 beläuft sich die Beitragsbemessungsgrenze der Rentenversicherung West auf 84 600 Euro. 4 % hiervon betragen 3384 Euro.

Voraussetzung für diesen Anspruch ist die Versicherungspflicht des Betreffenden zur GRV. Dabei wird die Versicherungspflicht in der Alterssicherung der Landwirte ebenfalls anerkannt. Arbeitslose stehen den Versicherungspflichtigen gleich, auch wenn sie beispielsweise Arbeitslosengeld II wegen der Anrechnung von Vermögen nicht erhalten.

49 BGBl. I S.1310
50 BGBl. I S.403

Beiträge liegen im vorstehenden Sinne nur dann vor, wenn sie zugunsten eines auf den Namen des Steuerpflichtigen lautenden **Altersvorsorgevertrages** geleistet werden, der **zertifiziert** ist. Dabei gilt die Zertifizierung als Grundlagenbescheid im Sinne der Abgabenordnung (AO).

Die Zertifizierung wird in einem besonderen Altersvorsorgeverträge-Zertifizierungsgesetz[51] vorgeschrieben. Danach hat das Bundesaufsichtsamt für das Versicherungswesen als Zertifizierungsbehörde vorab zu prüfen, ob angebotene Altersvorsorgeprodukte die vorgeschriebenen Förderkriterien erfüllen.

Wichtig ist allerdings, dass ein Zertifikat kein staatliches Gütesiegel darstellt, das die Qualität des Produktes hinsichtlich Rentabilität und Sicherheit bestätigt.

Die Finanzdienstleister bzw. deren Spitzenverbände können bei der Zertifizierungsstelle für Muster- oder Einzelverträge ein Zertifikat erhalten. Dieses bescheinigt, dass ihr Produkt den staatlichen Förderkriterien entspricht und damit steuerlich gefördert werden kann.

Die Anlageformen müssen bis zur Vollendung des 60. Lebensjahres oder bis zum Beginn einer Altersrente des Anlegers aus der gesetzlichen Rentenversicherung gebunden sein. Sie können nicht beliehen und nicht anderweitig verwendet werden.

→ Altersvorsorgezulage

Die Altersvorsorgezulage besteht aus

- der Grundzulage und
- der Kinderzulage.

Seit 2008 beläuft sich die Grundzulage auf 154 Euro jährlich. Für jedes Kind kommt als Kinderzulage ein Betrag von 185 Euro dazu. Für ein nach dem 31.12.2007 geborenes Kind beläuft sich die Kinderzulage allerdings auf 300 Euro.

Wichtig: Die Grundzulage für Verheiratete muss zu gleichen Teilen auf zwei Verträge aufgeteilt werden. Die Zulagen werden nicht an den Berechtigten ausgezahlt. Vielmehr werden sie dem Altersvorsorgevertrag gutgeschrieben.

---

51 Gesetz über die Zertifizierung von Altersvorsorgeverträgen (Altersvorsorgeverträge-Zertifizierungsgesetz – AltZertG) vom 26.6.2001 (BGBl. I S. 1310), zuletzt geändert durch Gesetz vom 09.06.2021 (BGBl. I S. 1666)

Der höchstmögliche Sonderausgabenabzug beläuft sich seit dem Jahr 2008 auf 2100 Euro.

Ein sog. **Berufseinsteiger-Bonus** sieht seit **1.1.2008** vor, dass junge Riester-Sparer im ersten Sparjahr eine um 200 Euro erhöhte Grundzulage erhalten. Zum 1.1. des Jahres, in dem der Vertrag geschlossen wird, darf der Sparer sein 25. Lebensjahr aber noch nicht vollendet haben.

→ Betriebliche Altersversorgung[52]

Die Spitzenverbände der Sozialversicherungsträger erläutern in ihrem Gemeinsamen Rundschreiben vom 25.9.2008 zur beitragsrechtlichen Beurteilung von Beiträgen und Zuwendungen zum Aufbau betrieblicher Altersversorgung den Begriff der betrieblichen Altersversorgung.

Im Bereich der betrieblichen Altersversorgung hat es aber erhebliche Änderungen gegeben, die durch das Gesetz zur Stärkung der betrieblichen Altersversorgung und zur Änderung anderer Gesetze (Betriebsrentenstärkungsgesetz) vom 17.8.2017[53] geschaffen worden sind. Diese Änderungen werden auch zu einer Neufassung des Gemeinsamen Rundschreibens vom 25.9.2008 führen.

Betriebliche Altersversorgung liegt vor, wenn dem Arbeitnehmer aus Anlass seines Arbeitsverhältnisses vom Arbeitgeber Leistungen zur Absicherung mindestens eines biometrischen Risikos (Alter, Invalidität, Tod) zugesagt werden und Ansprüche auf diese Leistungen erst mit dem Eintritt des biologischen Ereignisses fällig werden (§ 1 BetrAVG). Das biologische Ereignis ist bei der Altersversorgung das altersbedingte Ausscheiden aus dem Arbeitsleben, bei der Invaliditätsversorgung der Invaliditätseintritt und bei der Hinterbliebenenversorgung der Tod des Arbeitnehmers. Die entsprechenden Leistungen müssen dem Arbeitnehmer verbindlich zugesagt werden. Der Zweck der Leistung muss immer die Versorgung beim Ausscheiden aus dem Arbeitsleben sein. Altersversorgungsleistungen werden grundsätzlich nur dann als betriebliche Altersversorgung anerkannt, wenn sie frühestens mit dem 60. Lebensjahr beginnen. Bei bestimmten Berufsgruppen (z.B. Piloten), bei denen schon vor dem 60. Lebensjahr Versorgungsleistungen üblich sind, können betriebliche Altersversorgungsleistungen auch schon vor dem 60. Lebensjahr gewährt werden.

Eine betriebliche Altersversorgung liegt nicht vor, wenn zwischen Arbeitnehmer und Arbeitgeber die Vererblichkeit von Anwartschaften vereinbart

52 Vgl. hierzu auch ausführlich RdW-Schriftenreihe Band 227 „Betriebliche Altersversorgung“

53 BGBl. I S. 3214

ist. Auch Vereinbarungen, nach denen Arbeitsentgelt gutgeschrieben und ohne Abdeckung eines biometrischen Risikos zu einem späteren Zeitpunkt (z.B. bei Ausscheiden aus dem Beschäftigungsverhältnis) ggf. mit Wertsteigerung ausgezahlt wird, sind nicht dem Bereich der betrieblichen Altersversorgung zuzuordnen. Gleiches gilt, wenn von vornherein eine Abfindung der Versorgungsanwartschaft, z.B. zu einem bestimmten Zeitpunkt oder bei Vorliegen bestimmter Voraussetzungen, vereinbart ist und dadurch nicht mehr von der Absicherung eines biometrischen Risikos ausgegangen werden kann.

Besteht Einvernehmen aufgrund eines Tarifvertrags zwischen den Beteiligten, ist eine Mitnahme der Anwartschaften, die über einen Pensionsfonds, eine Pensionskasse oder eine Direktversicherung erworben worden sind, möglich. Außerdem haben Beschäftigte das Recht, das von ihnen beim ehemaligen Arbeitgeber bzw. dessen Versorgungseinrichtung aufgebaute Betriebsrentenkapital zum neuen Arbeitgeber bzw. zu dessen Versorgungseinrichtung mitzunehmen (Portabilität).

Um Lücken in der betrieblichen Altersversorgung zu vermeiden, können Beschäftigte ihre Betriebsrentenansprüche, die in einem Pensionsfonds, einer Pensionskasse oder einer Direktversicherung durchgeführt worden sind, auch dann weiter aufbauen, wenn sie z.B. wegen längerer Krankheit oder während der Elternzeit kein Arbeitsentgelt beziehen (§ 1a Abs. 4 BetrAVG). Dies betrifft sowohl die Fälle der Entgeltumwandlung nach § 1 Abs. 2 Nr. 3 BetrAVG als auch die Fälle, in denen Eigenbeiträge nach § 1 Abs. 2 Nr. 4 BetrAVG geleistet werden.

Bei Beendigung des Arbeitsverhältnisses können unverfallbare Anwartschaften nach § 3 BetrAVG abgefunden werden. Dies schließt jedoch die Abfindung von Anwartschaften in anderen Fällen, insbesondere während eines laufenden Arbeitsverhältnisses, außerhalb des BetrAVG nicht aus.

Die betriebliche Altersvorsorge kennt fünf Durchführungsformen. Dabei handelt es sich um

– die Pensions- oder Direktzusage
  Hier verspricht der Arbeitgeber seinem Arbeitnehmer die Zahlung einer Alters-, Invaliditäts- und/oder Hinterbliebenenversorgung. Beim Eintritt des Versorgungsfalles hat der Arbeitnehmer einen direkten Anspruch gegen den Arbeitgeber.
– die Unterstützungskasse
  Bei der Unterstützungskasse handelt es sich – häufig in der Rechtsform eines eingetragenen Vereins – um eine rechtlich selbstständige Versorgungseinrichtung. Sie gewährt dem Arbeitnehmer des Trägerunternehmens keinen Rechtsanspruch auf Versorgungsleistungen. Finanziert

wird die Unterstützungskasse durch Zuwendungen der Trägerunternehmen.

- die Direktversicherung
  Die Direktversicherung ist eine Lebensversicherung auf das Leben des Arbeitnehmers, die durch den Arbeitgeber bei einem Versicherungsunternehmen abgeschlossen worden ist und bei der der Arbeitnehmer oder seine Hinterbliebenen hinsichtlich der Versorgungsleistungen des Versicherers ganz oder teilweise bezugsberechtigt sind.
- die Pensionskasse
  Die Pensionskasse ist ein rechtlich selbstständiger Versicherungsverein auf Gegenseitigkeit. Die Arbeitnehmer haben einen Rechtsanspruch auf die zugesagten Leistungen. Die Finanzierung erfolgt über Zuwendungen der Trägerunternehmen und aus Vermögenserträgen.
- der Pensionsfonds
  Bei dem Pensionsfonds handelt es sich um eine rechtlich selbstständige Versorgungseinrichtung, die dem Versorgungsberechtigten auf Leistungen einen Rechtsanspruch gewährt. Die Rentenreform 2002 hat den Pensionsfonds mit Wirkung seit 1.1.2002 erstmals als weiteren Durchführungsweg für die betriebliche Altersversorgung eingeführt. Der Fonds wird durch Einzahlungen des Arbeitgebers bzw. des Arbeitnehmers finanziert.

→ Entgeltumwandlung

Die Spitzenverbände der Sozialversicherungsträger beschäftigen sich in Abschn. 4 ihres Gemeinsamen Rundschreibens vom 25.9.2008 mit der Entgeltumwandlung. Danach handelt es sich um eine durch Entgeltumwandlung nach § 1 Abs. 2 Nr. 3 BetrAVG finanzierte Altersversorgung, wenn Arbeitgeber und Arbeitnehmer z. B. durch eine Änderungsvereinbarung zum Arbeitsvertrag vereinbaren, dass künftig anstelle eines Teils des Entgeltanspruchs eine Versorgungszusage des Arbeitgebers tritt. Dadurch wird der Arbeitsentgeltanspruch entsprechend gemindert. Die Vereinbarung ist zu den Entgeltunterlagen zu nehmen.

In diesem Zusammenhang ist dem Gemeinsamen Rundschreiben vom 25.9.2008 folgendes aktualisiertes **Beispiel** entnommen:

Beispiel: Arbeitgeber und Arbeitnehmer vereinbaren im Juni 2022, dass der Arbeitgeber vom 1.7.2022 an den Bruttoentgeltanspruch des Arbeitnehmers in Höhe von 2000 Euro um 200 Euro mindert und in diesem Umfang eine Versorgungszusage abgibt.

Ergebnis: Das beitragspflichtige Bruttoentgelt des Arbeitnehmers beträgt vom 1.7.2022 an 1800 Euro.

Von der Entgeltumwandlung zu unterscheiden sind sog. Eigenbeiträge des Arbeitnehmers (§ 1 Abs. 2 Nr. 4 BetrAVG), bei denen der Arbeitnehmer aus seinem bereits zugeflossenen und versteuerten Arbeitsentgelt Beiträge zur Finanzierung der betrieblichen Altersversorgung leistet (Nettoentgeltverwendung). In diesem Fall bleibt der Arbeitsentgeltanspruch des Arbeitnehmers unverändert bestehen.

Beispiel: Arbeitgeber und Arbeitnehmer verabreden, dass der Arbeitgeber vom 1.7.2022 an berechtigt ist, von dem aus dem Bruttoentgeltanspruch des Arbeitnehmers in Höhe von 2000 Euro auszuzahlenden Nettoentgelt einen Betrag in Höhe von 200 Euro unmittelbar an einen externen Versorgungsträger abzuführen.

Ergebnis: Das beitragspflichtige Bruttoentgelt des Arbeitnehmers beträgt vom 1.7.2022 an weiterhin 2000 Euro.

Eine Herabsetzung von Entgeltansprüchen zugunsten betrieblicher Altersversorgung ist als Entgeltumwandlung auch dann anzuerkennen, wenn die in § 1 Abs. 2 Nr. 3 BetrAVG geforderte Wertgleichheit außerhalb versicherungsmathematischer Grundsätze berechnet wird. Entscheidend ist hierfür allein, dass die Versorgungsleistung zur Absicherung mindestens eines biometrischen Risikos (Alter, Invalidität, Tod) zugesagt und erst bei Eintritt des biologischen Ereignisses fällig wird. Bei einer Herabsetzung laufenden Arbeitsentgelts zugunsten einer betrieblichen Altersversorgung liegt eine Entgeltumwandlung ebenfalls vor, wenn das bisherige ungekürzte Arbeitsentgelt weiterhin Bemessungsgrundlage für künftige Erhöhungen des Arbeitsentgelts oder anderer Arbeitgeberleistungen (z. B. Weihnachtsgeld, Tantieme, Jubiläumszuwendung) bleibt und die Entgeltminderung zeitlich begrenzt oder vereinbart wird, dass der Arbeitnehmer oder der Arbeitgeber sie bei künftigen Entgelterhöhungen einseitig ändern können.

Sofern Arbeitnehmer ihren arbeitsrechtlichen Anspruch auf Entgeltumwandlung geltend machen, findet der Mindestentgeltumwandlungsbetrag in Höhe von 1/160 der Bezugsgröße nach § 18 Abs. 1 SGB IV Anwendung (§ 1a Abs. 1 Satz 4 BetrAVG). Der Mindestentgeltumwandlungsbetrag gilt nicht, wenn Arbeitgeber auf freiwilliger Basis die Entgeltumwandlung ermöglichen.

→ Anspruch auf Entgeltumwandlung

Bereits seit dem 01.01.2019 hat der Arbeitgeber bei neu abgeschlossenen betrieblichen Altersvorsorgeverträgen einen Pflichtzuschuss von mindestens

15 % zu leisten. Alle Altverträge blieben davon zunächst verschont, jedoch endet mit dem 31.12.2021 nun die Übergangsfrist.

Ab 01.01.2022 hat der Arbeitgeber auch bei Altverträgen, die vor dem 01.01.2019 abgeschlossen wurden, einen Mindestpflichtzuschuss von 15 % des Beitrages zu finanzieren.

Betroffen sind alle Direktversicherungen, Pensionszusagen und Pensionsfonds, die durch eine Entgeltumwandlung abgewickelt werden. Die Umsetzung stellt alle Versicherungsunternehmen und Arbeitgeber vor eine praktische Herausforderung.

Wenn ein Arbeitnehmer zu Gunsten einer betrieblichen Altersvorsorge auf einen Teil seines Gehaltes verzichtet, spricht man von einer Entgeltumwandlung oder Gehaltsumwandlung. Der Beitragsanteil der Altersvorsorge ist in bis zu 8 % steuer- und bis zu 4 % sozialversicherungsfrei bezogen auf das Bruttogehalt, maximal begrenzt bis zur Höhe der sozialversicherungsrechtlichen Beitragsbemessungsgrenze. Die Steuerfreiheit gilt sowohl für den Mitarbeiter als auch für den Arbeitgeber. Durch die ersparten Steuern und Beiträge kann ein höherer Betrag in die betriebliche Altersvorsorge eingezahlt werden, als dies aus dem versteuerten Nettobetrag möglich wäre.

Die Verpflichtung zur Zahlung eines Arbeitgeberzuschusses besteht für folgende Altersvorsorgeverträge, die vor dem 01.01.2019 abgeschlossen wurden:

- Pensionsfond
- Pensionskasse
- Direktversicherung

Wenn eine Entgeltumwandlung in eine Pensionszusage (Direktzusage) oder Unterstützungskasse erfolgt, besteht keine Verpflichtung.

Weitere Voraussetzung ist, dass der Arbeitnehmer mittels Gehaltsumwandlung die Altersvorsorge finanziert und er dadurch auch Sozialversicherungsbeiträge einspart.

Liegen die Voraussetzungen vor, so stellt sich die Frage: Wie viel muss der Arbeitgeber bezuschussen, und sind ggf. auch höhere Zahlungen möglich?

Grundsätzlich gilt, dass der Arbeitgeber den Zuschuss nur leisten muss, wenn durch die Entgeltumwandlung tatsächlich Sozialversicherungsbeiträge eingespart werden. Der Zuschuss muss dann pauschal in Höhe von mindestens 15 % des umgewandelten Beitrages oder prozentual in Höhe der tatsächlich eingesparten Sozialversicherungsbeiträge gezahlt werden. Ein höherer Zuschuss ist möglich, jedoch ist zu beachten, dass ggf. Steuer- und Sozialversicherungspflicht eintritt.

Beispiel:

Ein Arbeitgeber schloss vor dem 01.01.2019 zu Gunsten seines Arbeitnehmers eine Direktversicherung ab. Der Arbeitnehmer verzichtete dabei auf 200 € seines Bruttogehaltes, das stattdessen in die Altersvorsorge eingezahlt wurde (Entgeltumwandlung). In der Lohnabrechnung wurde der Betrag steuer- und sozialversicherungsfrei gestellt.

Neu ab 01.01.2022:

Entgeltumwandlung bisher	200,00 €
Entgeltumwandlung neu	170,00 €
Arbeitgeberzuschuss neu	30,00 € (15 % auf 200,00 €)
Versicherungsbeitrag	200,00 €

Es handelt sich hier um ein vereinfachtes Beispiel. Je nach vertraglicher Regelung kann der Zuschuss 15 % des Beitrages von 200 € ersetzen oder als Zuschlag in Höhe von 15 % auf 200 € anfallen.

Viele Versicherungen kontaktieren derzeit die Arbeitgeber und weisen auf den Pflichtzuschuss hin.

Falls dies bei bestehenden Altverträgen nicht der Fall ist, sollte das Versicherungsunternehmen kontaktiert werden, um sich die vertraglichen Bedingungen sowie die notwendigen Informationen und Vertragsanpassungen einzuholen. Die Vertragsänderungen müssen rechtzeitig vorgenommen werden, damit ab 01.01.2022 die Entgeltabrechnungen entsprechend den gesetzlichen Vorgaben erfolgen können.

→ Beitragsrechtliche Beurteilung

Das Betriebsrentenstärkungsgesetz vom 17.8.2017 hat den steuerrelevanten Betrag der Entgeltumwandlung zwar von 4 auf 8 % erhöht. Beitragsrechtlich ist es aber bei 4 % verblieben. Nähere Einzelheiten zur beitragsrechtlichen Behandlung ergeben sich aus dem Ergebnis der Besprechung der Sozialversicherungsträger vom 8.11.2017.

4 % der jährlichen Beitragsbemessungsgrenze West der Rentenversicherung belaufen sich 2022 auf 3240 Euro Die Regelung zur steuerfreien Behandlung der aus Anlass der Beendigung einer Beschäftigung gezahlten Arbeitgeberbeiträge ist durch das Betriebsrentenstärkungsgesetz seit 1.1.2018 geändert worden. Außerdem wurde eine steuerfreie Nachzahlungsmöglichkeit von Arbeitgeberbeiträgen für Zeiten der ruhenden Beschäftigung geschaffen.

5. Rentenbesteuerung

Das Alterseinkünftegesetz vom 5.7.2004[54] hat die Vorschriften über die Rentenbesteuerung geändert[55]. Die Änderungen sind durch eine Entscheidung des BVerfG[56] erforderlich geworden. Es geht hier darum, dass im Zuge der Gleichbehandlung von Pensionen der Beamten und der Renten auch für staatliche Renten ein System der nachgelagerten Besteuerung eingeführt wurde.

Kernstück der Neuregelung war, dass die während des Erwerbslebens gezahlten Beiträge zur Altersversorgung steuerfrei gestellt und im Gegenzug die im Alter zufließenden Alterseinkünfte voll besteuert werden.

Bei dieser Besteuerungsform werden zwei Vorzüge gesehen: zum einen bietet die Möglichkeit, Vorsorgebeiträge während des Erwerbslebens bei typischerweise höherer Progression steuermindernd geltend zu machen, einen Anreiz für den Aufbau einer privaten Altersversorgung. Zum anderen fällt die volle Besteuerung der Altersbezüge in eine Zeit, in der die progressive Wirkung des Einkommensteuertarifs geringer ausfällt.

54 Gesetz zur Neuordnung der einkommensteuerlichen Behandlung von Altersvorsorgeaufwendungen und Altersbezügen (Alterseinkünftegesetz – AltEinkG) vom 5.7.2004 (BGBl I S. 1427)

55 Vgl. RdW-Kurzberichte **235–235e**/2004

56 Vom 6.3.2002 (2 BvL 17/99)

IX. Träger der Versicherung

1. Versicherungszweige und Versicherungsträger

Mit der Organisation der GRV beschäftigen sich die §§ 125 bis 145 SGB VI.

Für die Erfüllung der Aufgaben der Rentenversicherung sind in der allgemeinen Rentenversicherung

- die Regionalträger,
- die Deutsche Rentenversicherung Bund (DRVB) und
- die Deutsche Rentenversicherung Knappschaft-Bahn-See

zuständig (§§ 125, 126 SGB VI).

Zuständig für Versicherte ist der Träger der Rentenversicherung, der durch die Datenstelle der Rentenversicherungsträger bei der Vergabe der Versicherungsnummer (vgl. dazu die noch folgenden Ausführungen) festgelegt worden ist (§ 127 SGB VI). Ist eine Versicherungsnummer noch nicht vergeben, ist bis zur Vergabe der Versicherungsnummer die DRVB zuständig.

Das erweiterte Direktorium der DRVB bestimmt die Zuordnung von Versicherten zu einem Rentenversicherungsträger nach bestimmten Grundsätzen. So werden die Versicherten zu

- 55 % den Regionalträgern,
- 40 % der DRVB und zu
- 5 % der Deutschen Rentenversicherung Knappschaft-Bahn-See

zugeordnet.

Für Personen, die als Hinterbliebene eines verstorbenen Versicherten Ansprüche gegen die Rentenversicherung geltend machen, ist der Träger der Rentenversicherung zuständig, an den zuletzt Beiträge für den verstorbenen Versicherten gezahlt worden sind.

Die örtliche Zuständigkeit der Regionalträger richtet sich gem. § 128 SGB VI nach folgender Reihenfolge

- Wohnsitz
- gewöhnlicher Aufenthalt
- Beschäftigungsort
- Tätigkeitsort

der Versicherten oder Hinterbliebenen im Inland.

Bei Leistungsansprüchen ist für die örtliche Zuständigkeit der Zeitpunkt der Antragstellung maßgebend. Bei Halbwaisenrenten ist der für den überlebenden Ehegatten, bei Waisenrenten, bei denen ein überlebender Ehegatte nicht vorhanden ist, ist der für die jüngste Waise bestimmte Regionalträger zuständig. Wären bei Leistungsansprüchen von Hinterbliebenen mehrere Regionalträger zuständig, ist der Regionalträger maßgebend, bei dem zuerst der Antrag gestellt wurde. Liegt der nach Vorstehendem maßgebende Ort nicht im Inland, ist der Regionalträger zuständig, der zuletzt zuständig war.

→ Grundsatz- und Querschnittsaufgaben

Die DRVB nimmt die Grundsatz- und Querschnittsaufgaben der Deutschen Rentenversicherung wahr (§ 138 SGB VI). Dazu gehört z. B. die Vertretung der Rentenversicherung in ihrer Gesamtheit gegenüber Politik, Bundes-, Landes-, europäischen und sonstigen nationalen und internationalen Institutionen sowie Sozialpartnern.

→ Versicherungskonto

Der Rentenversicherungsträger führt für jeden Versicherten ein Versichertenkonto, das nach der Versicherungsnummer geordnet ist (§ 149 SGB VI). Über die Versicherungsnummer bestimmt § 147 SGB VI.

Die **Versicherungsnummer** einer Person setzt sich zusammen aus

- der Bereichsnummer des zuständigen Trägers der Rentenversicherung (vgl. die obigen Ausführungen),
- dem Geburtsdatum,
- dem Anfangsbuchstaben des Geburtsnamens,
- der Seriennummer, die auch eine Aussage über das Geschlecht einer Person enthalten darf, und
- der Prüfziffer.

Weitere personenbezogene Merkmale darf die Versicherungsnummer nicht enthalten. Jede Person, an die eine Versicherungsnummer vergeben wird, ist unverzüglich über ihre Versicherungsnummer zu unterrichten. Die Versicherungsnummer spielt auch eine bedeutende Rolle in Zusammenhang mit der Erstattung von Meldungen zur Sozialversicherung (vgl. zum Meldewesen unter VI).

In dem Versicherungskonto sind die Daten, die für die Durchführung der Versicherung sowie die Feststellung und Erbringung von Leistungen einschließlich einer Rentenauskunft erforderlich sind, zu speichern.

Der Rentenversicherungsträger muss darauf hinwirken, dass die im Versicherungskonto gespeicherten Daten vollständig und geklärt sind. Dabei sollen die Daten so gespeichert werden, dass sie jederzeit abgerufen und auf maschinell verwertbaren Datenträgern oder durch Datenübertragung übermittelt werden können. Stellt der Rentenversicherungsträger fest, dass für einen Beschäftigten mehrere geringfügig entlohnte Beschäftigungen gemeldet sind oder die Zeitgrenzen für die kurzzeitige Beschäftigung überschritten sind, hat er unverzüglich diese Beschäftigungsverhältnisse zu überprüfen. Stellen die Träger der Rentenversicherung fest, dass eine Beschäftigung infolge einer Zusammenrechnung versicherungspflichtig ist, sie jedoch nicht oder als versicherungsfrei gemeldet worden ist, teilen sie diese Beschäftigung mit den notwendigen Daten der Einzugsstelle mit. Vorstehendes gilt entsprechend, wenn die Träger der Rentenversicherung feststellen, dass beim Zusammentreffen mehrerer Beschäftigungsverhältnisse die Voraussetzungen für die Anwendung der Vorschriften über die Gleitzone (vgl. S. 61) nicht oder nicht mehr vorliegen.

Der Rentenversicherungsträger unterrichtet die Versicherten regelmäßig über die in ihrem Versicherungskonto gespeicherten Sozialdaten, die für die Feststellung der Höhe einer Rentenanwartschaft erheblich sind (**Versicherungsverlauf**). Die Versicherten sind verpflichtet, bei der Klärung des Versicherungskontos mitzuwirken, insbesondere den Versicherungsverlauf auf Richtigkeit und Vollständigkeit zu überprüfen, alle für die Kontenklärung erheblichen Tatsachen anzugeben und die notwendigen Urkunden und sonstigen Beweismittel beizubringen.

Hat der Versicherungsträger das Versicherungskonto geklärt oder hat der Versicherte innerhalb von sechs Kalendermonaten nach Versendung des Versicherungsverlaufs seinem Inhalt nicht widersprochen, stellt der Versicherungsträger die im Versicherungsverlauf enthaltenen und nicht bereits festgestellten Daten, die länger als sechs Kalenderjahre zurückliegen, durch Bescheid fest. Über die Anrechnung und Bewertung der im Versicherungsverlauf enthaltenen Daten wird allerdings erst bei Feststellung einer Leistung entschieden.

→ **Anlaufstellen:**

Deutsche Rentenversicherung Baden-Württemberg
Kostenloses Servicetelefon 0800 1000 480 24
post@drv-bw.de
Standort Karlsruhe

Deutsche Rentenversicherung Baden-Württemberg
Gartenstraße 105
76135 Karlsruhe
Bundesland: Baden-Württemberg
Deutschland
Telefon 0721 825-0
Telefax 0721 825-21229
Standort Stuttgart

Deutsche Rentenversicherung Baden-Württemberg
Adalbert-Stifter-Straße 105
70437 Stuttgart
Bundesland: Baden-Württemberg
Deutschland
Telefon 0711 848-0
Telefax 0711 848-21438

Deutsche Rentenversicherung Bayern Süd
Kostenloses Servicetelefon 0800 1000 480 15
service@drv-bayernsued.de
Standort Landshut

Deutsche Rentenversicherung Bayern Süd
Am Alten Viehmarkt 2
84028 Landshut
Telefon 0871 81-0
Telefax 0871 81-2140
Standort München

Deutsche Rentenversicherung Bayern Süd
Thomas-Dehler-Straße 3
81737 München
Telefon 089 6781-0
Telefax 089 6781-2345

Deutsche Rentenversicherung Berlin-Brandenburg
Bertha-von-Suttner-Str. 1
15236 Frankfurt (Oder)
Telefon 0335 551-0
Telefax 0335 551-1295

Standort Berlin
Deutsche Rentenversicherung Berlin-Brandenburg
Knobelsdorffstraße 92
14059 Berlin
Telefon 030 3002-0
Telefax 030 3002-1009

Deutsche Rentenversicherung Braunschweig-Hannover
Kostenloses Servicetelefon: 0800 1000 4800

Standort Laatzen
Lange Weihe 6
30880 Laatzen
Telefon 0511 829-0
Telefax 0511 829-2635

Standort Braunschweig
Kurt-Schumacher-Straße 20
38102 Braunschweig
Telefon 0531 7006-0
Telefax 0531 7006-425

Deutsche Rentenversicherung Bund
Kostenloses Servicetelefon: 0800 1000 480 70
drv@drv-bund.de

Deutsche Rentenversicherung Bund
10704 Berlin
Bundesland: Berlin
Telefon 030 865-0
Telefax 030 865-27240

Deutsche Rentenversicherung Hessen
Kostenloses Servicetelefon: 0800 1000 480 12
kundenservice-in-hessen@drv-hessen.de

Hauptverwaltung Frankfurt am Main
Städelstraße 28
60596 Frankfurt am Main
Telefon 069 6052-0
Telefax 069 6052-1600

Deutsche Rentenversicherung Knappschaft-Bahn-See
Kostenloses Servicetelefon: 0800 1000 480 80
rentenversicherung@kbs.de

Deutsche Rentenversicherung Knappschaft-Bahn-See
Pieperstr. 14–28
44789 Bochum
Bundesland: Nordrhein-Westfalen
Deutschland
Telefon 0234 304-0
Telefax 0234 304-66050

Deutsche Rentenversicherung Mitteldeutschland
Kostenloses Servicetelefon: 0800 1000 480 90
Homepage der DRV Mitteldeutschland
service@drv-md.de
Standort Leipzig

Deutsche Rentenversicherung Mitteldeutschland – Sitz
Georg-Schumann-Straße 146
04159 Leipzig
Bundesland: Sachsen
Deutschland
Telefon 0341 550-55
Telefax 0341 550-45900

Standort Erfurt
Deutsche Rentenversicherung Mitteldeutschland – Standort Erfurt
Kranichfelder Straße 3
99097 Erfurt
Bundesland: Thüringen
Deutschland
Telefon 0361 482-0
Telefax 0361 482-62299

Standort Halle
Deutsche Rentenversicherung Mitteldeutschland – Standort Halle
Paracelsusstraße 21
06114 Halle
Bundesland: Sachsen-Anhalt
Deutschland
Telefon 0345 213-0
Telefax 0345 213-22510

Deutsche Rentenversicherung Nord
Kostenloses Servicetelefon: 0800 1000 480 22

Deutsche Rentenversicherung Nord
Ziegelstraße 150
23556 Lübeck
Bundesland: Schleswig-Holstein
Telefon 0451 485-0
Telefax 0451 485-15333

Standort Neubrandenburg
Deutsche Rentenversicherung Nord
Platanenstraße 43
17033 Neubrandenburg
Bundesland: Mecklenburg-Vorpommern
Telefon 0395 370-0
Telefax 0395 370-14555

Standort Hamburg
Deutsche Rentenversicherung Nord
Friedrich-Ebert-Damm 245
22159 Hamburg
Bundesland: Freie und Hansestadt Hamburg
Telefon 040 5300-0
Telefax 040 5300-14999

Deutsche Rentenversicherung Nordbayern
Kostenloses Servicetelefon: 0800 1000 480 18
info@drv-nordbayern.de

Deutsche Rentenversicherung Nordbayern
Wittelsbacherring 11
95444 Bayreuth
Bundesland: Bayern
Deutschland
Telefon 0921 607-0
Telefax 0921 607-2398

Standort Würzburg
Deutsche Rentenversicherung Nordbayern
Friedenstraße 12–14
97072 Würzburg
Bundesland: Bayern
Deutschland
Telefon 0931 802-0
Telefax 0931 802-980000

Deutsche Rentenversicherung Oldenburg-Bremen
Kostenloses Servicetelefon: 0800 1000 480 28
Homepage der DRV Oldenburg-Bremen
info@drv-oldenburg-bremen.de

Hauptverwaltung Oldenburg
Deutsche Rentenversicherung Oldenburg-Bremen
Huntestraße 11
26135 Oldenburg
Bundesland: Niedersachsen
Telefon 0441 927-0
Telefax 0441 927-2563

Geschäftsstelle Bremen
Deutsche Rentenversicherung Oldenburg-Bremen
Schwachhauser Heerstraße 32–34
28209 Bremen
Bundesland: Bremen
Telefon 0421 3407-0
Telefax 0421 3407-257

Deutsche Rentenversicherung Rheinland
Königsallee 71
Postfach 40197
40215 Düsseldorf
Bundesland: Nordrhein-Westfalen
Deutschland
Kostenloses Servicetelefon: 0800 1000 480 13
Telefon 0211 937-0
Telefax 0211 937-3096

Deutsche Rentenversicherung Rheinland-Pfalz – Hauptverwaltung
Eichendorffstraße 4–6
67346 Speyer
Bundesland: Rheinland-Pfalz
Deutschland
Kostenloses Servicetelefon: 0800 1000 480 16
service@drv-rlp.de
Telefon 06232 17-0
Telefax 06232 17-2589

Deutsche Rentenversicherung Saarland
Kostenloses Servicetelefon: 0800 1000 480 17
service@drv-saarland.de
Neugrabenweg 2–4
66123 Saarbrücken
Bundesland: Saarland
Deutschland
Telefon 0681 3093-0
Telefax 0681 3093-199

Deutsche Rentenversicherung Schwaben
Kostenloses Servicetelefon: 0800 1000 480 21
info@drv-schwaben.de
Dieselstraße 9
Postfach 86223
86154 Augsburg
Bundesland: Bayern
Deutschland
Telefon 0821 500-0
Telefax 0821 500-1000

Deutsche Rentenversicherung Westfalen
Kostenloses Servicetelefon: 0800 1000 480 11
kontakt@drv-westfalen.de
Gartenstraße 194
48147 Münster

Bundesland: Nordrhein-Westfalen
Deutschland
Telefon 0251 238-0
Telefax 0251 238-2960

Kann das Anliegen nicht telefonisch geklärt werden, wird durch den jeweiligen Rentenversicherungsträger geprüft, ob in Ausnahmefällen ein persönlicher Beratungstermin unter Beachtung der aktuellen Hygienevorgaben in einer regionalen Auskunfts- und Beratungsstelle mit dem Versicherten vereinbart werden kann.

2. Aufgaben der Rentenversicherungsträger im Rahmen der Betriebsprüfung

§ 28p Abs. 1 SGB IV bestimmt darüber, dass die Rentenversicherungsträger bei den Arbeitgebern Betriebsprüfungen durchführen. Sie haben diese Aufgaben von den früher zuständig gewesenen Krankenkassen (im Rahmen ihrer Tätigkeit als Einzugsstellen des Gesamtsozialversicherungsbeitrags) übernommen. Die Rentenversicherungsträger prüfen bei den Arbeitgebern, ob diese ihre Meldepflichten und ihre sonstigen Pflichten nach dem SGB, die im Zusammenhang mit dem Gesamtsozialversicherungsbeitrag stehen, ordnungsgemäß erfüllen. Sie prüfen insbesondere die Richtigkeit der Beitragszahlungen (vgl. dazu Kapitel VII) und der Meldungen (vgl. dazu Kapitel VI). Zu prüfen ist mindestens alle vier Jahre. Allerdings soll die Prüfung in kürzeren Zeitabständen erfolgen, wenn der Arbeitgeber dies verlangt. Die Einzugsstelle unterrichtet den für den Arbeitgeber zuständigen Rentenversicherungsträger, wenn sie eine alsbaldige Prüfung bei dem Arbeitgeber für erforderlich hält.

Wie im Steuerrecht, kann auch im Sozialversicherungsrecht eine elektronische Betriebsprüfung durchgeführt werden (§ 28p Abs. 6a SGB IV).

Die Prüfung umfasst auch die Lohnunterlagen der Beschäftigten, für die Beiträge nicht gezahlt wurden.

Die Rentenversicherungsträger erlassen im Rahmen der Prüfung Verwaltungsakte zur

- Versicherungspflicht und
- Beitragshöhe

einschließlich der Widerspruchsbescheide gegenüber den Arbeitgebern.

Die Rentenversicherungsträger prüfen auch bei den Arbeitgebern, ob diese ihre Meldepflichten nach dem **Künstlersozialversicherungsgesetz** (KSVG) ordnungsgemäß erfüllen und die Künstlersozialabgabe rechtzeitig und vollständig entrichten (§ 28p Abs. 1a SGB IV). Das Prüfverfahren kann mit der Aufforderung zur Meldung eingeleitet werden. Die Träger der Rentenversicherung unterrichten die Künstlersozialkasse über Sachverhalte, soweit sie Melde- und Abgabepflichten der Arbeitgeber nach dem KSVG betreffen.

Die Rentenversicherungsträger sind auch für die Durchführung der Betriebsprüfung für die gesetzliche **Unfallversicherung** zuständig (§ 166 Abs. 2 SGB VII).

Im Bereich der Regionalträger richtet sich die örtliche Zuständigkeit nach dem Sitz der Lohn- und Gehaltsabrechnungsstelle des Arbeitgebers. Die Rentenversicherungsträger stimmen sich darüber ab, welche Arbeitgeber sie prüfen. Ein Arbeitgeber ist allerdings nur von einem Rentenversicherungsträger zu prüfen. Die Rentenversicherungsträger haben die Einzugsstellen über Sachverhalte zu unterrichten, die die Zahlungs- oder die Meldepflicht eines Arbeitgebers betreffen.

Das Gesetz (§ 28p Abs. 5 SGB IV) verpflichtet die Arbeitgeber ausdrücklich, angemessene Prüfhilfe zu leisten. Abrechnungsverfahren, die mit Hilfe automatischer Einrichtungen durchgeführt werden, sind in die Prüfung einzubeziehen.

Im Übrigen sind auch steuerberatende Stellen, Rechenzentren und vergleichbare Einrichtungen zu prüfen, die im Auftrag des Arbeitgebers oder einer von ihm beauftragten Person Löhne und Gehälter abrechnen oder Meldungen erstatten. Im Bereich der Regionalträger richtet sich die örtliche Zuständigkeit nach dem Sitz dieser Stellen.

§ 28p Abs. 7 SGB IV verpflichtet die Rentenversicherungsträger, eine Übersicht über die Ergebnisse ihrer Prüfungen zu führen und bis zum 31.3. eines jeden Jahres für das abgelaufene Kalenderjahr ihren Aufsichtsbehörden vorzulegen.

Die DRVB führt eine besondere Datei. Die in dieser Datei gespeicherten Daten dürfen nur für die Prüfung bei den Arbeitgebern verarbeitet und genutzt werden. Außerdem führt die Datenstelle der Rentenversicherungsträger für die Prüfung bei den Arbeitgebern ebenfalls eine Datei. In dieser Datei dürfen neben der Betriebsnummer eines jeden Arbeitgebers nur die Versicherungsnummern der bei ihm Beschäftigten einschließlich des Beginns und des Endes von deren Beschäftigung sowie eine Kennzeichnung des Vorliegens einer geringfügigen Beschäftigung gespeichert sein. Vgl. zu den geringfügig Beschäftigten die Ausführungen in Abschnitt III. 1.

Einzelheiten über die Betriebsprüfungen bei den Arbeitgebern durch die Rentenversicherungsträger enthält die BVV[57]. Die Vorschriften über die Prüfung beim Arbeitgeber sind in den §§ 7 bis 13a BVV enthalten.

Danach erfolgt die Prüfung nach § 28p SGB IV grundsätzlich nach vorheriger Ankündigung durch die Versicherungsträger. Die Ankündigung soll möglichst einen Monat, sie muss jedoch spätestens 14 Tage vor der Prüfung erfolgen. Hiervon kann allerdings mit Zustimmung des Arbeitgebers abgewichen werden. In bestimmten Fällen kann die Prüfung auch ohne Ankündigung durchgeführt werden.

Das Ergebnis der Prüfung ist dem Arbeitgeber schriftlich zuzustellen. Die Mitteilung soll innerhalb von zwei Monaten nach Abschluss der Prüfung zugehen. Die Mitteilung ist vom Arbeitgeber bis zur nächsten Prüfung aufzubewahren.

§ 8 BVV beschäftigt sich mit den von den Arbeitgebern für die Betriebsprüfungen aufzubewahrenden Entgeltunterlagen.

57 Verordnung über die Berechnung, Zahlung, Weiterleitung, Abrechnung und Prüfung des Gesamtsozialversicherungsbeitrages, Beitragsverfahrensverordnung (BVV vom 3.5.2006, BGBl I 5, 1138), die zuletzt durch Gesetz vom 16.07.2021 (BGBl. I S.2970) geändert wurde.

Sachregister